教師の突破術

前田幹夫

東洋館出版社

はじめに

「突破」という言葉は、晴れやかで痛快なイメージを連想させますよね。

今、教壇に立っている読者のみなさんの目の前には、もうすでに痛快に「突破」したこともあれば、これから「突破」を試みよう、勝負をかけようとしていることがあるのではないでしょうか？

大ざっぱな言い方をすれば、課題がない学校はありません。

課題がないクラスというのはないわけです。

そしてときには、複雑な連立方程式のような課題に直面することだってありますよね。

ゆえに誰もが壁にぶつかったり、袋小路に突きあたったりしながら、その「突破」を試み、日々、乗り越えようとしているわけです。

かくいう私も、その一人です。

大学を卒業後は企業に勤め、20代はエアロビクスやヒップホップというフィットネスやダンスの世界でしばらく仕事をしていました。そこから祖父の背中を追いかける形で一念発起し、現在、教職に就いて18年目を迎えています。

本書のなかでも触れていますが、私には幼い頃から吃音があります。

ちょっとうまく喋れないところがあるんですね。

不器用で、世渡り下手なところもあります。

壁が立ちはだかると、逃げだしたくなるような弱さがあるのも自覚しています。

そんな私が、小学校という場に仕事の土俵を変えてはや18年。

これまで多少は手応えのある実践がありましたが、一方では、学級経営がうまくできなかったり、子どもと信頼関係が築けなかったりと、実にさまざまな失敗をたくさんしてきました。


自分自身のこころを見つめて……。

手持ちのカードを眺めて……。

新たなアイデアを探して……。


ここまででおわかりになったかと思います。

本書は、魔法の突破法を書いたものではなく、これまでもがくなかで私なりに見つけたり、仲間に教えてもらったり、先人の知恵から学び得たりした「突破」へ向けたライフハック（Lifehack）の数々になります。

けっして、どなたにもあてはまるような痛快な「解」を与えているというわけではないかもしれません。

どうかその点は汲んでいただいた上で、本書をきっかけにして、目の前の壁を「突破」してほしい、または新しい目と思考を形成して「突破」につなげていってほしいと願っています。

本書は、そんな思いを込めて書きました。

さて、全7章80テーマで構成する本書の内容は、いずれも、どこの学校、どこの教室でも見られるようなシーンばかりです。


「あるある！」

「わかるわかる！」

「なるほど～！」


などと、共感的に読んでいただける内容になっていると思います。

みなさんの学校や教室に引き寄せながら、「突破」したいと思うテーマから読み進めていってくださいね。

本書が、読者のみなさんの「突破」への一助となり、明日へのエールとなれば幸いです。

2025年2月

前田 幹夫

目　次

2章 季節を突破！ 37

3章 教室を突破！ 61

5章 職員室を突破！

6章 働き方を突破！ 143

7章

1章

メンタルを突破！

1 弱さこそ、みんなの前に差し出そう

みなさんは、どのような「弱さ」を持っていますか？

また、どのような「苦手なこと」を持っていますか？

私には「吃音」があります。

物心ついたときから、言葉が出にくいのです。日常にとけ込む「話す」という行為によくつまずくため、幼いときからずいぶんと悩みました。

教職に就いてからは、10分で読み終わる物語に30分もかかってしまい、全身にびっしょり冷や汗をかいたことがあります。また、子どもは素直で言葉がストレートですから、「先生の話し方、詰まるから聞きにくい、わかりにくい」という言葉をもらい、人知れず涙を流したこともありました。

よどみなく話せることが、マジョリティ（多数派）。

よどみなく話せないことは、マイノリティ（少数派）。

スムーズに言葉が出ないことに「恥ずかしさ」と「劣等感」を感じた私は、必死に言いやすい言葉を探し、言い換えができないときには、からだにリズムをつくり出しながら言

葉を出しました。隠しても隠し切れないのに、「吃音」を隠そうとしたのです。

突破！ こうやって考える

「先生には、吃音があります。言いにくい名前もあるし、音読も時間がかかることがあります。理解してくれるとありがたいです」

自分の弱さを、そのまま、子どもたちの前に差し出すこと。

これが解決策でした。

美学者の伊藤亜紗さんは、「恥ずかしい」とは何かについてこのように書いています。

「究極的には、きみの体はきみの思い通りにはならない。だから『恥ずかしさ』とうまく付き合う方法を見つけてほしいんだ。ちょっとダメな体を認めること。それが体の声を聞くためには必要だし、きみが自分を受け入れて、自分を好きになるためにも必要だ」（『きみの体は何者か』２０２１、筑摩書房）。

自分の弱さをありのままに差し出したら、冷たい視線をもらうのでは……という一抹の不安が、正直、私にはありました。しかし実際は逆で、子どもたちも同僚も、味方になってくれます。よき理解者になってくれます。

そしてなにより、教師が「弱さ」を出すことから、子どもは完璧な大人はいないこと、そして相手を思いやることや支え合うこと、得意を持ち寄ることを学んでいくんですよね。

2 トライが、いちばん偉い

「運動会で、教職員のリレーをやりたいなぁ！」

「授業公開の回数を増やして、学びの機会をつくりたい」

これはほんの一例ですが、仕事が一通りできるようになり、熱量と経験が掛け合わさってくると、さまざまなことにトライしてみたいと思うのではないでしょうか。

でも、勇気が出ず、その場で足踏み……。勇気を出したけれど、苦い思い出……。

そのような方もきっと多いことでしょう。

学校には、それまで毎年培ってきた「日常」があります。そして私たち教職員には、一人ひとりに多様な「価値観」があります。ときに、この「日常」と「価値観」の集合体が、トライを阻む壁となることがありますね。

突破！こうやって考える

「トライが、いちばん偉い」

もともと「トライ」を人生の主軸として考えている私は、常々こう考えています。

教育者の齋藤孝さんが、雑誌の対談のなかで、「とにかくトライする人間が偉いんだ、失敗できるぐらいのトライをしているからという共通認識を持ちたい」（『体育科教育』2022年9月号、大修館書店）と話していました。

「成功するトライをする」から「たくさんのトライをする」へ。

まず、「うまくいく」「うまくいかない」という心配や結果は脇に置いて、とにかくたくさんのトライをして結果を出していくということは、自分自身が一皮剥けるために、大切なファーストステップになると思います。

トライしなければ、まだ見ぬ新しい自分とも出会うことができないのですから。

そしてそのとき大切なのが、まわりのみんなでそのトライを「いいね〜！」「おもしろいことをやっているね〜！」と認めていくそよ風のような空気をつくっていくことです。

「どんどん挑戦していいよ、こぼれ落ちたものは俺たちが掬うから」

私は初任校時代、ベテランの先生方にこのように後押しをしてもらい、「運動会で、教職員のリレーをやりたいなぁ！」というトライを実現させてもらったことがあります。当時のベテランの先生と同じ年齢になった私は、今、来た道を振り返りながらこう思います。

「若い先生方の『壁』とならないように」

「昭和の価値観の『押しつけ』とならないように」

トライが自分自身を成長させ、学校を漸進的なものにしていくと信じています。

3 一生懸命に失敗なし

一生懸命に取り組んだけれど、結果が伴わなかったという経験。

誰にでもありますよね。トライすれば失敗はつきものだし、石橋を叩いて渡っても、うまくいかないときはうまくいかないものです。

思い返すのは、

運動会のいちばん盛り上がる大切なところで、段取りを間違えてしまったこと（けっこう、落ち込みました）。

時間をかけて臨んだ授業研究が、思いがけない方向に展開し、しどろもどろになってしまったこと（助けてもらいました）。

アルバムに入った今では懐かしい思い出ですが、一生懸命に力を注いだものがまったく思ったようにいかないと落ち込んだものです。

一生懸命はかならず報われるものと思っていたんでしょうね。

突破！こうやって考える

いろいろな経験を経て、今では、

「一生懸命に失敗なし」と考えるようになりました。

虹色のかがやきを感じるんですね、この言葉に！

身勝手な一生懸命さは、周囲を乱し空気をよどませます。

しかし、誠実に自分なりに手を尽くした一生懸命さならば、結果がどうであれ、自分のなかでの答え合わせは「○」にしてあげたいと思うようになりました。

結果が伴わなかったからといって、自分を追い込むのはやめようと……。

そうではなく「かけがえのない経験」として受け取ろうと。

「プレゼント」のような感じで受け取ろうと。

まわりを見渡せば、一生懸命な方ばかりです。きっと、みなさんの職場でも同じではないでしょうか。

「一生懸命に失敗なし」

肩のチカラを抜いて、このパワーワードを胸に、自分らしく一生懸命に歩んでいきたいものです。

4 あきらめることは、前向き思考の一つ

実は私、できるかぎり「ちゃんと」整えておきたいほうなんです。
「完璧主義」かといえばそうではありません（片づけは苦手だし、うっかりもよくあります）。ですが、ある程度整っていないと心配になってしまうところがあるんです……。

この根っこの部分の性格は変わらないとしても、年齢や体力の変化は、私の考え方に変化をもたらしました。

若い頃の私は「あきらめない気持ち」とか「あきらめない姿勢」が大切だとずっと思ってきました。今でも「ここは！」というところは、この魂が顔を出します。しかし、歳を重ねた今では、逆に「あきらめる」ということも大切なのではないかという思いにいたるようになりました。

ついついがんばりすぎてしまう方やストイックな方には、ヒントになるかもしれません。

突破！こうやって考える

考え方のヒントになったのは、ヨシタケシンスケさんの絵本『にげてさがして』（202

1、赤ちゃんとママ社)。私は、ヨシタケさんの絵本が大好きなんです。
逃げることで、出会える人がいるんだよというメッセージ。

逃げることで、大事な何かが見つかるよというメッセージ。

ふとしたとき、「逃げる」を「あきらめる」に読み替えてみても、スッと心に落ちてくるものがあったのです。


縷々とつぶやくように書いてしまいますが、「あきらめる」というのは、「ありのままの自分を受け入れる」ということなのかもしれないですよね。だとすると「あきらめる」というのは「ラフな自分との出会い」なんだと思うのです。ラフな自分でいることができれば、冷静に物事を見ることができるだろうし、あきらめたからこそできたズボンの空のポケットには、新しいものが入ってくる可能性がありますよね。


「あきらめない気持ち」が何かをつくり出すことはもちろんあります。

しかし、逆説的に「あきらめる気持ち」が何かを生み出すこともあると感じる今日この頃なのです。


ついついがんばりすぎてしまうことも多いはず!

だからこそ届けたい。

「あきらめる」ことは、悪いことやマイナスなことだと決めつけず、よいことやプラスを連れてくる前向き思考でもあるよと、自戒を込めて伝えたい私です。

5 後ろ向きでも、ゆっくりと進めばいい

職員室から教室までの距離が20mあったとします。

その20mの感じ方は日によってさまざまで、近いと感じることもあれば、はるか遠くに感じることもあります。距離の感じ方に、その日のこころの有り様が映し出されるんですね。

近いと感じるときは、こころが前を向いている証し。

でも、遠いと感じるときは、何かの壁によって、こころが後ろを向いているのです。

それは多忙の壁かもしれませんし、人間関係の壁かもしれません。文部科学省の人事行政状況調査によると、2023年度に精神疾患を理由に休職した教員は7119人で過去最多です。感情労働であるがゆえに、さまざまなストレスを抱えやすく、こころが後ろ向きになってしまうことも多いのです。

突破！ こうやって考える

ずいぶん前に、ある悩みを抱えたことがありました。

落ち込んだ私は、何かヒントを得たくて、同僚に「後ろ向きだけど、なんとか踏ん張ってやっているよ」と久しぶりに連絡を入れたのです。翌日に届いたメールには、

「後ろ向きでも歩けますよ〜！」

前向きじゃないと歩くことができないと思い込んでいた私の固定概念はスルスルッと外され、後ろ向きで歩くという新しい世界へ誘われたのです。

その世界の入り口に立ち、実際に校内の廊下を少し歩いてみると、前を向いて歩くときの2分の1くらいの速度で進んでいくのです（笑）

ゆっくり、ゆっくりと。

その不慣れな歩き方も新鮮なら、後ろ向きにゆっくりと進むからこそ見える景色もまた新鮮。新幹線に乗っていると街や田畑の様子はよく見えませんが、ローカル線に乗ればそれらがよくわかるように、ゆっくりにはゆっくりのよさや価値があるのです。

「後ろ向きは、けっしてネガティブなことだけではない」

「仕事と向き合う気持ちの温度を調整するチャンス」

そしてやっぱり、

「もがいているとき＝伸びているとき」

このように、後ろ向きな自分を捉え直してみてください。

きっと、職員室から教室までの20ｍの距離が近く感じられるきっかけとなりますよ。

6 「がんばろう」ではなく「楽しもう」へ

次から次へと仕事が降ってくるような日々のなかで過ごしていると、「これをしなきゃ、あれもしなきゃ」「がんばらなきゃ」と、つい思ってしまいますよね。肩の力が抜けるようなやわらかい思考の種をヒントにしながら、突破の糸口を探ってみたいと思います。

突破！ こうやって考える

保育園に通う我が子がよく言うんです。

「今日のプール楽しみ〜！」

「給食に唐揚げが出るよ。やったぁ、楽しみ！」

「お友だちとウルトラマンの話をして楽しかった！」

「がんばる」ではなく、この「楽しむ♪」「楽しみ♪」というモチーフは、ほんとうに示唆深いものがあるなと思うのです。そして、これらの言葉に触れて気づいたのです。

（夜）明日は仕事だ。

（昼）あと少し。

（夕方）一日なんとか無事に終わった！

（夜）クタクタだ。

という流れのなかで自分自身が過ごしてきたことを……。


でも「楽しむ♪」「楽しみ♪」というモチーフでいくと、

（夜）明日はどんな楽しいことがあるだろう。

（朝）今日も、楽しんでくるね。

（昼）楽しいな〜！

（夜）今日も一日楽しかった！

という流れにすることができるわけです。

ちょっと視点を変えて「楽しむ」と決めると、不思議と頬が緩んできますよね。

目の前の景色が、ちょっと彩り豊かなものに見えてきますよね。

まずなにより「楽しもう」と思うこと！

「がんばろう」ではなく「楽しもう」と思うことのほうが、こころが喜ぶように感じます。スタートからゴールまでを「楽しもう」という気持ちで進んでいく。それが、忙しい日々の清涼剤となり突破口となるように感じますね。

7 比べずに、自分自身を育てていく

「1組と2組は落ち着いているなぁ、うちの3組は……」「隣のクラスは積極的でいいなぁ」

2クラスや3クラスという複数の学級がある学年を担当したとき、このような気持ちになったことはないでしょうか？

私には、何度もあります。

「隣のクラスのようにがんばるぞ」と、現状を漸進的なものにしようと前を向いて進むことができるときもあれば、「ああ、自分には力がない。自分のせいだ」と責めるような気持ちになることもしばしばです。

隣の芝生は青く見えるもの。

頭ではわかっていても、つい気になってしまうものです。

突破！こうやって考える

年の功が手伝って、自然と比べることは減ってきましたが、私がヒントにしている考え方が、漫画家のみうらじゅんさんの「比較三原則」（『マイ仏教』２０１１、新潮新書）です。

これは「核兵器を持たない、つくらない、もちこませない」という非核三原則の「非核」に「比較」の字をあて、自分と「他人」「過去」「親」を比べないように提唱しているものです。

私はこの考え方が好きで、学校風にアレンジして、自分自身のなかに取り入れているんです。

それは、

「他クラス」「過去」「同僚」と、自分を比べないこと。

この考え方でこころを束ねていくと、ずいぶん楽になりますよ。

比べるという行為のなかに、実になるような意味はほんとうに少なく、それよりも大切なのは自分自身が努力しているかどうか、日々が楽しく充実していると感じられるかどうかですから。

たとえばクワガタムシは、カブトムシにはなれませんが、クワガタムシにはクワガタムシの魅力が、カブトムシにはカブトムシの魅力がありますよね。

同じように、自分自身も、誰かに憧れたりうらやましく思ったりすることはあっても、その誰かになることはできません……。

大切なことは「未熟な自分自身を認め、その自分自身を育てていくこと」。

こんな思いが、明日も明後日も、教壇に立つ力を与えてくれます。

8 こころを明るくするユーモアマインド

元放送作家の鈴木おさむさんが書いた『仕事の辞め方』（２０２４、幻冬舎）を読んで、ハッとしたことがあったんです。それが、

「40代からソフト老害」

「40代は『語らないこと』」

という見出しで書かれたエピソード。

ハッとしたということは、どこか身に覚えがあったんだと思います（笑）

さて今、40代の最終コーナーを走っている私が、このような状況を突破するために（できるかぎり）大切に心がけてきたことがあるんです。

それは何かというと……。

突破！こうやって考える

（同僚）「今度の金曜日、飲み会があるんですけど！」

（私）「19時45分が寝る時刻って決まっているので、ちょっと……（笑）」

（同僚）「（カミソリ負けをして絆創膏を貼っていくと）痛そうですけど大丈夫ですか？」

（私）「実は昨日、激しい夫婦喧嘩をやってしまいまして……（笑）」

（同僚）「体調は大丈夫ですか？」

（私）「36度7分も熱があるんですけど、がんばります（笑）」


そう、突破口としたいのは「ユーモア」です。

コミュニケーションのなかに、「語ること」でもなく「教えること」でもなく、「ユーモア」をさりげなく散りばめていくことなんです。

小説家の阿刀田高さんは『ユーモア革命』（2001、文春新書）のなかで、「ユーモアは知性のほとばしり」と表現し、その価値と可能性を伝えました。

一定の教養と経験、余裕が身についた40代という年代は、ユニークな知性を出すのにピッタリの年代だといえるでしょう。

40代のたしなみとして、ユーモアというマインドを大切にしていく。

それは自分自身のこころを明るいものにし、まわりの空気もやわらかくしますよ。

9 忙しいのにひまそうに見えたら一流

歳を重ねた者として、身につけたい（身につけよう）と思っていることがあります。

教室でも、職員室でも、家庭でも……。

でも、これがほんとうにむずかしい。

「ひまそうにすること」って。

突破！こうやって考える

『すきまから見る』（２０２３、東洋館出版社）の林千恵子さんは、「ひまそうな大人作戦」と題し、次のように書きました。

「スクールカウンセラーになったばかりのころ、先輩から『とにかくひまそうに校内を歩くと良い』というアドバイスをもらいました。半信半疑ながら、休み時間にぶらぶら歩いてみます。すると、子どもたちによく声をかけられるようになりました。毎回ジャンケン勝負を挑んでくる子もいて、『大人なのにそんなに遊んでいていいの？』と言われもします。続けていると、『相談室に遊びに行っていい？』と聞かれ、遊んでいるうちに自然と相談が始まるということがありました」

今、自分自身を振り返ってみても、忙しそうに動いているなと思うのです（笑）

自分のなかに「隙」はあるかな？

自分のなかに「余白」はあるかな？

と、反省するばかりです。

さて、周囲を見渡してみて、みなさんが一流だなと感じるのはどういう人でしょうか？

私のなかでは「ひまそうに見えるけど、確実に仕事をしている人」です。

ミソは「ひまそう」という部分。だって、ほんとうはとっても忙しいのですから……。

あえて忙しさを伏せ「ひまそう」に見せることによって、子どもたちや同僚が話しかけやすい雰囲気をつくっているわけですよね（すごい！）。

「ひまそうな大人作戦」

むずかしいですが、やってみるといろいろなプラスの効果がありそうですよね！

いつもより、廊下をゆっくりと歩いてみるのもいいかもしれませんね。

休み時間に、玄関やベランダの花に水をあげるのもひまそうに見えるかも。

鼻歌でも歌っていたら、ひまそうに見えますね〜。

「ひまそう」から生まれる心地よい風やリズムは、みんなのハッピーに貢献するように感じます！

10 「○○と考えたほうがいい」で、なりたい自分に近づく

パワーがみなぎっている若い時期。

みなさんは、斜に構えた態度をとって失敗したことはないでしょうか？

思うようにいかず、ネガティブな態度をとってしまったことはないでしょうか？

私は今でも、思い出すことができます。そういった態度にいささかのかっこよさを感じ、横柄な態度をとってしまったことを……。

そんな私も、たくさんの失敗をして歳を重ね、謙虚な人でありたいと思うようになりました。素直で気持ちのよい人でありたいと願うようになりました。

突破！ こうやって考える

以前、健康診断の再検査の話になったときのこと。

「人間ドックで再検査の通知がくることは、健康についてちゃんと追いかけてもらっていると考えたほうがいい」という話を聞いたのです。

「なるほど！」と膝を打ちました。

「○○と考えたほうがいい」という捉え方に。

物事には「光」と「影」がありますよね。「影」を見ないということではなく、どちらにも目を向けた上で、「光」を見ようとする姿勢は、先述した素直で気持ちのよい人でありたいという願いにつながります。

そして「○○と考えたほうがいい」という立場に立つことは、人間力を一段上げることになるのではないかと感じるのです。

ですから、たとえば教室で子どもたちが「まだ今週は3日しか経っていない」といえば、「あと2日って考えたほうがいいよ。がんばろうね！」と返してあげたいと思います。「雨だから外に行けない……」と残念がっていたら、「7月にしては、涼しくていいよね。教室で楽しめることをしよう！」と声をかけてあげたいと思います。

こうやって自分自身の考え方を上書きし、目の前の子どもたちの考え方も上書きしながら毎日を過ごすほうが、間違いなく気持ちがよくて楽しいはずです。

そしてそういう空気は、教室に明るさと彩りを添えてくれるんですよね。

私はまだまだ自分のものにはできていませんが、素直で気持ちのよい人になるために大切にしたい思考の種です。

「○○と考えたほうがいい」

見つめていきましょうね、「光」の部分を！

11 サードプレイスが仕事に生きる

「自宅と学校の往復だけになっているな～」

「週末も仕事のことが頭から離れないな～」

30代後半、このような気持ちになったことがあります（子どもが生まれ、仕事量も増えていっぱいいっぱいでした）。みなさんは、どうでしょうか。

見渡せば今、私の周囲には、子育てと仕事を両立させながら、時間をつくって趣味のサーフィンを楽しむ友人がいます。定期的に仲間で集まってランニングを楽しむ友人もいます。山登りを楽しむ友人もたくさんいます。

そんな友人たちの姿から、蘇ってくる感覚があったのです。

そんな友人たちの姿から、あらためて、一つの解を教えてもらったのです。

それは……。

突破！ こうやって考える

「サードプレイス（第3の場所）」を持つことによる豊かさ。

実感として、これはできるだけ若い頃から心がけておくとよいことです。「自宅」と「学校」以外の居場所がある方、言い換えれば、さまざまな世界とつながっている方は生き生き感が高く、自分自身を常にフレッシュな状態にすることで、仕事にも好影響を与えているように感じるんですね。そして、なにより楽しそうです！

30歳前後はお酒を縁にした「つながり」が広がっていた私。生活の中心にはまだまだダンスも位置づいていて、サードプレイスが数多とありました。それが、生活スタイルの変化、自分自身の役割の変化によって、そのサードプレイスはかなり減りました（今は、キャッチーなネーミングの月1回の部活動とスポーツクラブ通いがサードプレイスです）。

そうなると、社会の匂いに対する感度は低くなります。

時代の変化の空気を吸うチャンスは減ってしまいます。

同時に、さまざまな「つながり」も細くなったり、途絶えたりしますから、自分のなかのほとんどない「若さ」や「みずみずしさ」が余計になくなるような気がします（笑）

時代の変化に敏感にありたいのが教師の仕事ですよね。

だからこそ、変化に対応するための「サードプレイス」、よすがとしての「サードプレイス」、つながりとしての「サードプレイス」を持つことは、教師にとって大きな価値を秘めているのではないでしょうか。

12 バレーボール思考・ダンス思考で前進する

やってもやってもなかなか前進しない。その場でずっと「足踏み」をしているような仕事感覚になったことはないでしょうか？

たとえば「指導案」の作成。

最近は「文書のコンパクト化」が進み、昔ほどではないのかもしれませんが、私が駆け出しのときは、何度も書き直しをしながら、必死になって書いたものです。

ほかにもとにかく、不慣れなことや不得手なことは、向かい風を感じますよね。

自分に厳しめの矢印を向けて「もがく」日々というのは、誰もがくぐる道だといえるでしょう（私にも、年齢相応の「もがき」があります）。

「今、もがいているな」

「この仕事、なかなかうまくできない……」

そんなふうに感じたら、バレーボールやダンスを突破口にして考えるといいですよ。

突破！こうやって考える

次のような話を教えてもらったことがあります。

「バレーボールのオーバーハンドトスが上手な人は、膝を使わずにポンポンッとトスをしているけれど、あのトスを最初から真似はできない。上手な人は、しっかり膝を曲げてトスをする練習を何度も繰り返して、そこから余分なものが削ぎ落とされて、あのトスになっているんだ」と。

私が、教師になる前にインストラクターをしていたダンスも同じです。

ダンサーはちょっとした動きでリズムを表現しカッコよく踊りますが、最初からあの動きを真似することは不可能でしょう。ダンスの基礎である「アップ」と「ダウン」のリズムが、からだの隅々の細胞が覚え込むくらいまで繰り返し踊り込んでいるからこそ、あのような表現が生まれるわけです。

このように考えると、雲の切れ間からちょっと「光」が差し込みませんか？

こころの天気の「雨」が、ほんの少しやみませんか？

そう、今の「足踏み状態」というのは、しっかりと膝を曲げ、体を大きく使って、オーバーハンドトスやアップ・ダウンの練習をしているのと同じことなのです。

やってもやってもなかなか前進しないと思うとき、このように捉えて力を注いでいくことが、未来を拓き、自分を育てていく道になりますよ！

2章

季節を突破！

13 異動を「向かい風」から「追い風」に

何度も異動を経験してきた私ですが、正直にいえば、新しい環境に身を置くのは苦手です。「異動は最大の研修」といわれますが、実感としてそう思えるのはあとからで、異動してしばらくは慣れるのに精いっぱい……。

根を張るのには、ずいぶん時間がかかるほうなんです。

さて、私の場合はですが、大きく三つの異動のハードルがありました。

一つめは、人間関係の変化。市町をまたぐ異動では、ほとんど知っている方がいませんから、けっこう緊張状態が続きます（みなさんよりも、時間がかかるほうです）。

二つめは、役割の変化。学級担任の仕事は同じですが、それ以外の公務分掌については大きく変化することがあります。今まであった役割や責任がなくなることによる戸惑いもありました。

三つめは、風土の変化。学校ごとにそれぞれの風土があり、市町村ごとにそれぞれの風土があります。当然ですが「あたり前」は違ってきますから、そこに自分を合わせていくことが求められます。

誰もが通る「異動」。突破の道を探ってみましょう！

突破！こうやって考える

初めての異動を思い返すと反省ばかりです。その反省を踏まえると、異動を追い風にするための心得はこれです。

まず、一丁目一番地は「出羽守（でわのかみ）」にならないということです。「前の学校では―」「以前勤めた市町村では―」というように、ネガティブな意味合いで、新しく赴任した学校のことを否定しないことが大事です。

つい言いたくなる気持ちはわかります。

しかし、これを守ることで得られる「信頼」というものが確実にあります。

そして、人間関係や役割などが大きく変わったことにより、新しい環境にストレスを感じたら（感じたときこそ）、そこをなんとかしようと思わずに「目の前の子どもたち（学級）に集中すること」です。

これは、異動してもがく私に大先輩や友人が教えてくれたことです。私は、この考え方にほんとうに救われ、向かい風を追い風にすることができました。至言だと思います。

異動して新しい環境で奮闘する方々。

この二つをこころに置くだけで、プラスに働きますよ！

14 色眼鏡を外して、子どもを見る

子どもの〝キラリ〟と輝くところを見つけたいと願う先生は多いですよね。

でもつい、良くも悪くも「〇〇さんは、話をよく聴ける子」「〇〇さんは、忘れ物が多い子」などと、教師自身の限られた一つの「モノサシ」を子どもに向けて理解したつもりになってしまうことはないでしょうか？

そう、「色眼鏡」をかけてしまうのです……。

教育心理学者の鹿毛雅治さんが書いた「色眼鏡」についての考えを引いてみましょう。

「そもそも教師は『頭の良い子―悪い子』『生活態度の良い子―悪い子』『努力する子―しない子』といった数少ない『色眼鏡』に基づいて子どもを判断しがちだという。しかも、『色眼鏡』による子ども理解が、個々の子どもへの対応を規定してしまうことさえ多い」

（『子どもの姿に学ぶ教師』２００７、教育出版）。

ついついかけてしまいがちな「色眼鏡」。

どのように考え、外したらよいのでしょうか？

突破！ こうやって考える

特に、スタートの4・5月。前担任から引き継ぎされた情報と目の前の子どもの姿が重なってくると、「色眼鏡」が強化されていってしまうことがあります。

そんな自分にブレーキをかけるためのヒントとなる考え方。

それが「わかった気にならない」ということ。

これは、精神科医やミュージシャンなどをしている星野概念さんが雑誌『母の友』（2020年4月号、福音館書店）に書いていたことで、星野さんの著書『ないようである、かもしれない 発酵ラブな精神科医の妄言』（2021、ミシマ社）のなかでは、相手を立体的に理解していくことの大切さも述べています。

この星野さんの精神科診療でのアプローチを、学級に引き寄せて考えてみたとき、私自身、考え方を揺さぶられ変わっていくきっかけとなりました。

たった一つの特徴的な側面だけで判断しない。

複数のその子の表情や姿を見て、線や面ではなく、立体的に見ようとする。子どもは日々成長する存在だけに、その成長過程を見守りながらまなざしを注いでいく。

「今週は、〇〇さんの異なる表情や姿を『5個』見つけるぞ！」

そんな思いが、あなたの「色眼鏡」を少しずつ外してくれますよ！

15 「試し行動」を「宝行動」に変えよう

子どもにとって、4月の環境の変化というのはとても大きいものです。なかでも一年間一緒に過ごすことになる「新しい担任の先生」には、期待と不安が入り交じります。

「新しい担任の先生は、やさしいのかな？」

「どんなことをしたら叱るのかな？」

両目をパッチリと見開いて観察し、いろいろなことを想像しながら、さまざまな行動をとり、新しい担任の先生を「試し」ていくわけです。いわゆる「試し行動（Limit Testing)」といわれるものです。

きっとみなさんも出会ったことがあるのではないでしょうか。あまのじゃくな行動やわざと困らせるような行動に……。

慌ただしい4月は私たちに余裕がありませんから、エネルギーを消耗したり、ときに感情のコントロールがむずかしくなってしまったりすることもありますね。

突破！ こうやって考える

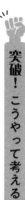

「試し行動」というのは、環境の変化への不安から自然に出てくるものですよね。かくいう私も4月は苦手で、教職員のメンバーが入れ替わると、緊張したり様子をうかがったりしてしまいます（子どもたちと同じです）。

ですから「試し行動」というのは、その子なりのアプローチの一つとしてあっていいと思うのです。でも教師側から見て、ときに「よくない行動」に映りますから、それを大切に導いて「よい行動」に変えていく必要があります。

自戒の念を込めていえば、まずそのために意識することとして「よくない行動をみる」から「よくない行動の裏にあるこころをみる」ことです。子どもの行動は、置かれた環境に働きかけられ、そのときに生じた気持ちに左右されますから。

ここをないがしろにして感情的に接してしまうと、一年間のスタートから信頼関係の構築につまずいてしまいます。こころの片隅に、教師の許容範囲や対応を見ているということを忘れずに持っていたいものです。そして、

教師が大切にしていることを伝わるように伝えていくこと。

みんなで決めた学級の約束事をちゃんと守っていくこと。

こういうことが、4月の子どもたちの「不安」を「安心」に変え、「試し行動」を「宝行動」へと変えていくことになるのではないでしょうか。

16 かかわりから始める体育で学級集団づくり

スタートである春の学級集団づくりは重要ですね。

「学びの出発点は集団づくり」からであり、大げさにいえば、集団づくりなくして学びはないともいえるでしょう。クラスに主体的で前向きな空気がないと、いくら魅力的な教材を準備しても、多くの時間をかけても実を結びにくいものです。

そこでここでは「体育」を切り口に、集団づくりについて考えてみたいと思います。

みなさんは、春の体育でどんなことをしていますか？

突破！ こうやって考える

私が個人的に好きなのは、「リレー」と「キンボール」です（受け持つ学年によって、やり方を工夫する必要があります）。

躍動感や熱量を感じるんですよね。言い換えれば「つながり」の量や深さを感じるのです。これは、春の「集団づくり」の強い味方になります。

たとえば、50m走や100m走は「個」ですよね。

その「個」と「個」をつなげてリレーにすると、運動場に生まれる空気は俄然熱くなります。子どもたちは勝利をめざして全力で走りますから！白熱した展開になると、子どもたちは総立ちになって応援しますよね。あの雰囲気が、集団づくりの背中を押すわけです。

キンボールも同様です。

チームが一枚岩となって、ボールを拾い勝利をめざす過程が、集団づくりに大きく貢献するのです。

体育でいえば、個人でするものよりも、みんなでするもののほうが、子どもが感じる刺激量は高くなります。そこにキンボールのようにお互いの距離感が近かったり、勝敗がかかわったりするとより刺激量はアップします。

つまり、春の体育は、自分一人ではできず、「任す―任せられる」「頼る―頼られる」というような関係が自然と立ち上がってくるようなものがいいんですね（これは、他の教科でも同じようなことが言えると思います）。

こういう見方やアプローチで、春の体育に思いを巡らすと、集団づくりの突破のヒントが浮かび上がってきませんか？

「個」よりも「かかわり」からスタートする春の体育へ。

それがきっと、学級集団づくりを下からガチッと支えてくれることでしょう！

17 魔の6月・11月を乗り越える

緩む6月、中だるみの11月……。

「魔の6月」「魔の11月」という表現を見聞きしたことがあります。

4月の緊張のスタートから、5月になると少しずつ新しい学級にも慣れてきますよね。2カ月が経った6月には、その慣れと疲れが積み重なって学級の緩みになることがあります。また梅雨の時期でもあり、子どもたちの活動欲求が制限されることも、不安定になったりストレスが溜まったりする一因でしょう。

11月という時期は、多くの学校で夏休みが開け、2カ月が経った頃です。これまで積み上げてきたものをさらなる高みにまで上げたい時期ですが、ワクワクするような行事がなく目標を見失いがちな時期になります。なんとなく過ごしていく毎日が、中だるみにつながっていくわけです。

私自身、どちらも経験があります。ただどちらかといえば、スタートから2カ月経った「6月」よりも、リ・スタートを切って2カ月経った「11月」のほうが、困難さを伴うように感じます。リカバリーするための手持ちのカードも時間も少なくなっていますから。

みなさんは、どのような工夫をしていますか？

突破！こうやって考える

友人とこのテーマで話をしていたときに、私たちが落ち着いた結論は、教師も子どももしんどいときだからこそ、日々の授業をちゃんとすることだよね！ということでした。天候の影響で外に出られなかったり、目標となる行事がなかったりするなかで、授業まで疎かになってしまったのでは崩れていく一方です。

この話をしながら、ふと思い出したことがありました。以前勤めた小学校で「授業の相互参観」の試みをしたのです。1年生は2年生の授業を参観し、2年生は3年生の授業を参観します。5年生は6年生の授業を参観するのです。つまり、一つ上の学年の授業を参観し、それを学びの刺激にしようと全校で取り組んだのです。一つ下の学年の子どもたちが自分たちの授業の姿を見に来るわけですから「よしっ、いいところを見せよう！」という空気が教室に生まれます。一つ上の学年の姿を見た子どもたちは「やっぱりすごいな～！」という思いをお土産にして教室にもどっていきます。

このような授業を中心とした異学年の交流は、気の緩みがちな時期に効果的なアクセントとして働きます。何もない「日常」に、ちょっとした「非日常」の交流を入れ、日々の授業に注力することは「魔」の時期を乗り越える突破口になりますよ！

18

5月後半からは、ベースボール・アプローチ

4月後半から5月前半にかけての大型連休が終わり少しすると、職員会議で水泳の話も出てきて、おぼろげながら「夏休みの背中」が見えてきます。

「駆け抜けるぞ、夏休みまで！」

という気持ちの一方で、4月から溜まった疲労と、この季節によくある寒暖差疲労によって、体調を崩しやすいのもこの時期です。

しかも、6月は祝日がない……（笑）

まさに、気力勝負・体力勝負といってもよいでしょう。

突破！こうやって考える

私は、以前一緒に相担をしたことがある気の置けない友人と、ラフな部活をつくっていて、月に一度ウォーキングをしたり、プチ贅沢な温泉に行ったり、おいしいコーヒーを飲みに行ったりしています。

その友人と実践してみて、とてもおもしろくていいなと感じているのが「仕事」を「野

球の試合」に見立てて取り組む試みです。名づけて「ベースボール・アプローチ」。

地域によって異なるとは思いますが、私が勤務する地域では、5月半ばを過ぎると、夏休みまで残り「9週」となります。その「9週」を野球の試合になぞらえて「9回」と見るのです。

そう見方を変えると、「あそび心」や「ゲーム感覚」といったものが自分のなかに入ってくるんですね。そして、このようなシンプルな考え方一つで、まるで野球の試合をしているかのような感覚で仕事を楽しめるようになるからおもしろいものです。

たとえば、

「初回（初週）の立ち上がりは慎重に」

「ちょっとエラーをしてしまったけれど、大丈夫！」

「肩がパンパン。でも、気づけばもう5回裏。残り4回（4週）だ」

「さぁ、最終回（7月最終週）。しまっていこう」

友人とこんなふうに喋っていると、互いに支え合いながら、いい循環が生まれて日々が流れていくから不思議です。

疲れが溜まりやすく祝日がない5月半ばから6・7月と向き合う上で「ベースボール・アプローチ」は効果的ですよ。

19 ゆとりがあるからこそ、できることに目を向ける

目まぐるしく駆け抜けた1学期。

終業式が終わると、安堵感がこころを包んでくれます。

夏休みといってもいろいろとすることはありますが、それでも授業のある日常と比べたら、気持ち的にも時間的にもゆとりがあります。地に足をつけてさまざまなことに取り組めるのが、夏休みのよさといえるのではないでしょうか。

1学期の終業式の日には「けっこう9月まで日があるな～！」と思っていても、あっという間に「あと9月までちょっとしかない！」となるのが夏休みでもあります（笑）

みなさんは、有意義な夏休みにするために、どのようなことに時間を使い突破していますか？

突破！こうやって考える

まず大切なことは「こころ」と「からだ」をたっぷりと休ませて、心身のリフレッシュ！

教壇に立って仕事をしていく上で、ここがすべての土台になります。

その上で、いろいろな考え方がありますが、ここでは先述した地に足をつけてさまざまなことに取り組める時間というところに焦点をあてたいと思います。

一つめの突破の視点は、慌ただしい日常ではなかなか手が届かないことができる夏休みにすることです。

たとえば、ふだんゆっくりと眺めることができない教材室や体育倉庫などに行き、授業で使いたくなるような教材教具を見つけに行くのです。そう「宝探し」をするようなつもりで！　意外と、奥のほうに眠っている宝を発見することがありますよ。また、授業ですぐには役立たないかもしれないけれど、知っておいたほうがよい知識ってありますよね。授業そのものとは距離があるけれど、教師として大切にしたい学びというものです。そういう学びに時間をあてると、自分自身の思考が深く耕されアップデートできます。

二つめの突破の視点は「2学期に〇〇やってみたい！」と思えることを集める夏休みにすることです。

同僚と食事に行って得た学びでも、研修会に参加して学んだことでも、何でもよいのです。自分のなかに「試してみたい！」というものが貯金されていくと、それが2学期に向けた主体的なモチベーションとなります。

心身のリフレッシュをなによりも大切にしながら、ゆとりがあるからこそできることに目を向けていく。それが夏休みを充実した時間にしてくれますよ。

20 チカラを抜いて9月のリ・スタートを切る

夏休みが終わり、いよいよ2学期が始まる9月。気持ちよく笑顔でリ・スタートを切りたいですよね。

「8月」から「9月」へ。

カレンダー上では、1ページめくっても少しの段差も感じませんが、私たち教師や子どもたちにとっては、大きく環境が変わります。子どもたちは涼しく自由の利く生活から、集団で行動する学校生活に変わります。教師もゆとりのあった生活から、授業と行事の双方に目を向けながら進む慌ただしい生活に突入です！

そこで、よいリ・スタートを切るために、これまでの自分の経験に照らして、突破のヒントを探ってみることにしたいと思います。

突破！ こうやって考える

まず大切にしたいことは「習うより慣れろ」です。

本来の意味は、自分で実際にやってみて経験を積むほうがよいという意味ですが、ここでは次のように解釈したいと思います。

「学習はもちろんだけれど、まずは学校に慣れよう」

久しぶりの学校生活にドキドキしていたり、不安を抱えていたりする子も多いと思いますから、そのドキドキ度や不安度を下げるような「楽しい」ことをみんなで行うのです。

スローガンは「がんばりモード」から「楽しみモード」へ。

これが、2学期の始まりのファーストステップです。みんなでつくる楽しい時間は「明日も学校に行きたいな」「2学期もがんばってみよう！」という思いにつながりますから。

そして次に大切にしたいことは、学級経営の視点です。

やはり、夏休み前と夏休み後というのは、さまざまな面で同じようにはいきません。1学期に積み上げたものも、少し崩れていることでしょう。仮に、4・5・6・7月と「4歩」進んだとするならば、夏休み期間によって学級としては一歩下がっています。

もう一度、靴ひもを締め直して「3歩目」から歩き出すようなイメージでいくとよいかもしれません。

肩のチカラを抜きましょうね。

そう、気負いすぎずに9月を迎えることで、子どもにとっても教師にとっても、よいリ・スタートが切れるのです。

その先には、充実の「実りの秋」が待っているはずです。

21 10月ピークという視点

4月の学級びらき。

「始め半分」「始まりが肝心」というように、スタートである4月の重要性はいうまでもありませんね。

3月の学級じまい。

ピーク・エンドの法則で、ゴールである3月に満足感を味わうことができ、次の学年に進むことができれば最高です。

スタートからゴールまでは、12カ月。

尋ねられたことはないと思いますが、「この12カ月のなかで、学級としてのピークは何月と考えていますか？」と、もし訊かれたら……。そこでここでは、一年間のなかで「学級経営のピーク」という視点を入れながら考えてみたいと思います。

突破！こうやって考える

「ピーク」というキーワードで、まず思い浮かべたのは野球やサッカーなどのスポーツ選手。一括りで表すことはむずかしいですが、それぞれの競技で活躍できる年齢や時期というものがあるように思います。

同じくビジネスマンや私たち教師にも、第一線でプレーヤーとして働く力に、やはりピークとなる時期というものがあるような気がします。最初から活躍、最後だけ活躍というのは少なく、コツコツと力を蓄えた先に活躍の場が待っているわけですよね。

前置きが長くなりましたが、先述したことを引き寄せながら「学級経営のピーク」について考えてみたとき、一つの答えが見えてきたんですよね。

それは「10月ピーク」。

これが、一年間の学級経営を考えるヒントやきっかけになると思ったのです。

秋のさまざまな行事とこれまで積み上げてきた日々の授業を掛け合わせていくことによって生まれる教室の追い風。ピークはずっとは続かないし、アクセルも踏み続けることはできませんが「10月」をピークと考えて、そこに向けて準備をし、アクセルをグッと踏むことによって、階段を一段飛ばしで上るようにして学級をまとめていくのです。

そうすると「魔の11月」の未然防止にもなり、「実りの2学期」をみんなで味わうことができます。

4月の「学級びらき」からスタートし「10月ピーク」をつくり、3月の「学級じまい」へ。「ピーク」という視点が、一年間の流れをスムーズなものにしてくれるかもしれません。

22

生き生きとした3学期にするために

秋に「学級経営のピーク」を迎えて2学期を終えますね。

そして迎える「学級じまい」の3学期。みなさんは、次のどちらの気持ちが大きいでしょうか？

A：ゴールが近づいてきた。このままのペースでいこう。

B：ゴールが近づいてきた。春に立てた学級目標に向けて、もう一段ジャンプしよう。

こころのなかで手を挙げてみてください。

意外と、Aの方も多いのではないでしょうか。

突破！こうやって考える

ずいぶん前の話にはなりますが、先輩の先生が「3学期に『育てる』という気持ちが少なくなっているような気がする。最後まで子どもたちや学級を高めていく気持ちを持たないといけない」という話をしてくれたことがあります。

前半部分の指摘は、先述の「A」にあたりますね。

ゴールの背中が見える3学期は、ともすると「なんとなく」の時間が流れてしまう可能性を孕んでいます。最後の力を振り絞れば、全力で走ってゴールテープを切れるのにペースアップせずに終わってしまうわけです。

もう一段ジャンプする「B」は、理想的です！

学級経営に定評のある先生というのは、経験的に「B」の意識を持っている方がとても多いように思います。

みんなで春に掲げた学級目標を頂にして、ラストまで前向きにゴールを下げずに進んでいくのです。2学期につけた力をバネにして、子どもたちの可能性を、学級の可能性を、もう一段上げていくんですね。

今が「80点」なら「85点」に。

「100点」なら「110点」へと伸ばしていくイメージです。

ともすると、やや気の緩みやすい3学期です。

現状維持、現状満足という気持ちが働きやすい3学期です。

春に掲げた学級目標をもう一度みんなで眺め直し、ハッピーエンドに向けて、3学期を突破していきましょう！

23 「3学期」は、次年度に向けた「0学期」

「1月は行く」

「2月は逃げる」

「3月は去る」

昔からこのようにいわれますね。ほんとうにあっという間に月日が流れるのが3学期です。ゴールである3月の修了式に向けて「学級じまい」の準備に入る時期でもあります。

ですが、ここでは3学期の「学級じまい」には触れません。

友人から聞いた自分自身にはなかった3学期の視点を紹介しますね。

「3学期」と「未来」をつなぐ突破の糸口です。

突破！ こうやって考える

2月や3月という時期になると、今の学級のことに加えて、次年度のことが気になり始める方もいるのではないでしょうか。

「来年度は5年生担任かな」

「たぶん中学年だろうな」

ここに視点をあてているのが友人です。

「5年生担任になるかもしれないから、今のうちによい関係をつくっておこう」

つまり、次年度5年生となる今の4年生の子どもたちのよいところや素敵なところを見つけて声をかけ、緩やかなよい関係性を前もって築いておくことを意識しているということなんです。

「なるほど！」

「0」からの出会いではなく、加点された「1」や「2」からのスタートになるように工夫しているんですね！

今の学級としては「3学期」だけれど、次年度の学級の「0学期」として考えているわけです。学級担任ではない斜めの関係の先生から褒められたり、認められたりすることはとてもうれしいことですよね。

さりげない一言を、ていねいにかけていく。

意識さえすれば、5秒でできることです。

こういうことを布石として、次年度へとつなぎ生かしていくという考え方。

これは、未来へ向けた突破になりますね！

3章
教室を突破！

24 「おもしろい」と感じる目を持つ

「この先生の学級経営は、すごいな〜！」

「この学校の先生方は、生き生きとしているな〜！」

長く教師をしていると、こんなふうに感じることがあります。みなさんも一度、職員室の同僚を思い浮かべてみてください。きっとまわりにモデルにしたいと思える先生が、一人や二人いるのではないでしょうか。

どうして、あの学級の子どもたちは、いつもニコニコとしているのだろうか？

なぜ、この学校の先生たちは生き生きとしているのだろうか？

私の限られた経験のなかの話にはなりますが、一つの答えを見つけたのです。

それは……。

突破！ こうやって考える

観察してたどり着いた、一つの解。

それは目線の軸に、いつも「おもしろい」があること。

個性の強い子や一筋縄ではいかない子のオリジナルな凸凹部分に対して「おもしろい！」「ユニーク」とプラスに捉えて接し、個々の教師の「〇〇をやってみたいです！」「〇〇するのはどうでしょうか？」に対して「それ、おもしろそうだね。ぜひやってみようよ！」と共感して背中を押していたのです。

そのハートフルな気持ちは、子どもにも教師にも伝わるもの。「ニコニコ」「生き生き」の源泉は、「おもしろい」「おもしろそう」「おもしろがる」という目線から湧き出ていたのです。

『学びの共同体の創造』（2021、小学館）の佐藤学さんは、子どもの尊厳を尊重するために「どの子に対しても『この子はおもしろい』『この子はすごい』というまなざしを注ぐこと」を挙げました。

また、『山中教授、同級生の小児脳科学者と子育てを語る』（2021、講談社）の山中伸弥さんは、仕事や勉強などに対して「『何でも面白がろうよ』というのも伝えたい」と語っています。

人、仕事、勉強……。

さまざまな宛先に「おもしろい」というモノサシをあてれば、凸凹も微笑み、ちょっと尖ったところさえも笑ってくれるんですよね。

「おもしろい」というモノサシは、一人ひとりの個性を生かしてくれますよ。

25

始まりの摂理を生かす

50歳手前となった今でも教壇に立っている私ですが、正直、無理が利かなくなってきたところがあります。教室へ向かう階段で息切れをしたり、一週間の疲れが取れなかったり、集中力が続かなかったりと（こればかりは、仕方がないですね……）。

〝うんうん〟と頷いている読者のみなさんもいますよね。

まだ自分ごととして実感のない方も、そのときはいつか来るものです（笑）

そこで、体力と折り合いをつけながら、一年間を駆け抜けるためのヒントを考えてみることにします。

突破！ こうやって考える

突破のキーワードとして心得たいのは、ズバリ「始まり」。

私がまず、一つめに大事にしている「始まり」は日常生活のなかにあります。

それは「朝」です。

「朝を制する者は一日を制す」「一日の計は朝にあり」といいますね。

寝る時刻がはやい私は、その分起きるのもはやいのですが朝の静寂な時間はすごくいい。おいしいコーヒーを飲んだり散歩をしたりと自分だけの特別な時間を過ごすことができ、はやめに出勤をして、フレッシュな状態で仕事をすることもできます（私の場合は、朝と夕方を比べたら、朝のほうが有意義で効率がいいです）。この毎日の贅沢な「朝」時間は、ずっと生活の真ん中に置いておきたいほどです。

二つめに大事にしたい「始まり」は、学校生活のなかにあります。それは何かというと、学級づくりにおける「春」。

そして、授業における「導入」。

「春」は一年間の始まりであり、「導入」は45分間の授業の始まりですね。「学級づくりは4月勝負」であり、「授業は導入が決め手」です。飛行機がいちばんエネルギーを使うのは離陸のときです。身近な乗り物である自転車も、こぎ始めにいちばん力を使います。

同じように、学級づくりも授業も「始まり」に注力するのです。

どちらも、「新しいクラスでがんばろう！」「これからたくさん学ぼう！」としている子どもたちの前向きなこころをキャッチすることができれば、そのあとは少ないエネルギーやパワーで進んでいくことができます。

この「始まり」の摂理をうまく生かしていくことが、体力と折り合いをつけながら、一年間を駆け抜けるための突破の扉となりますよ。

26 あそぶことから生まれるものがいちばん大事

以前、低学年を担任したことがあるんですね。

一年間一緒に過ごして迎えた3学期の離任式。私の名前が呼ばれると、クラスのみんなが大泣きだったのです。こんなに泣くのかと思うほど（笑）

このような経験は初めてで、私にとってはまるで最終回のドラマのような出来事でした。その背景には何があったのか。

そこには、教師としてではなく、一保護者としてのある大きな気づきがありました。

突破！ こうやって考える

その気づきは、一緒に夕ご飯を食べているときに、我が子が話してくれる「今日の出来事」のなかに隠れていました。

「休み時間に、〇〇ちゃんとなわとびしたよ」

「マット回れたよ～」

「給食に苦手なきのこが出たけれど、がんばった！」

などと、その日にあった出来事をたくさん話してくれるのですが、そのなかで、いつもこころに留まったのが、「今日も、外で先生とあそんだよ」という報告。

友だちと一緒になって、担任の先生と楽しくあそんだエピソードを話す我が子の喜々とした様子から、一保護者としてこころから感謝の思いを持ったと同時に、ありきたりかもしれませんが「教師が子どもとあそぶ」ことの意味の大きさを教えられたのです。

私は保護者の立場で学び得たことを、教師の立場で生かそうと考えました。

毎日、「先生、鬼ごっこしよ！」と誘いに来る小さな子どもたち。

「鬼ごっこに誘われたら、断らない」という約束を自分自身と交わし、全力疾走がきびしくなった年齢ながら、子どもたちが誘ってくる鬼ごっこの世界に、毎日、とび込んでいきました。純粋に、鬼ごっこを楽しみました。その一年間は、若い先生が多い職場にあって、誰よりも走っていたように思います。

授業して、鬼ごっこして、授業して、また鬼ごっこして……。

そう、別れの日の涙は、一年間分の鬼ごっこが生んだものだったのです。

学校で大切にされるべきことはたくさんあります。

そのなかでも最近は、長くなってきた教師生活の実感として、子どもと鬼ごっこをして駆け回るなかで生まれてくるようなものが、いちばん大事なのではないかという思いにいたっています。

27 プロセスや努力を褒める

4～5歳頃の我が子は、ブロックで実にいろいろなモノをつくっていました。大好きな戦隊ヒーローの基地や大きな乗り物、バレーボールの試合をテレビ観戦していたときには、すぐにバレーボールコートをつくっていたものです（観客席やネットまで再現していました）。「すごいね～！　どうやってつくったの？」と訊くと、息子なりのこだわりポイントをうれしそうに説明してくれます。ともに喜びながら褒めてあげると、子どもはキラキラとした笑顔を見せてくれるので、こちらもとてもうれしくなるんですよね。

「褒める」ということ。

しかし、何でも褒めればよいのかというとそうではありませんよね。

突破！ こうやって考える

子どもといっても発達段階はさまざまですから、一概にいうことはできませんが、以前勤めた学校で行った学級づくりの学習会の場で「褒める」ことについて話し合ったことを手がかりに考えてみたいと思います。

意見を交わしていくなかで印象的だったのは、多くの同僚が「プロセス」を褒めることを意識していたこと。我が子の一例でいえば、「どうやってつくったの？」とつくる過程に光をあてることによって、我が子の気持ちは充実感であふれていたように思うのです。

もちろん、完成したブロックの出来栄えも大切でしょう。でも時間を忘れて夢中になってつくる姿や、一つひとつのブロックのセレクトを考えながら試行錯誤をする姿もまたいいんですよね。

得てして、私たちは「結果」を褒めがちになりますが、その視点を「結果」から「プロセス」にスイッチしていくのです。

これは、子どものこころに心地よい風と満足感を入れることになりますよ。

もちろん学校という場所でも同じですが、たくさんの子どもたちがいますから、この「プロセス」の視点以外にも、いくつか視点を追加して持っておくと突破の糸口となります。

一つめは、着手の視点。

これからがんばろうとしている姿を褒めたいですね。

二つめは、成長の視点。

自分の力以上のものを出し、伸びたところを褒めたいですね。

このように、子どものこころのドアをノックできるようなさまざまな「褒める」モノサシを持って、子どもの力を育み伸ばしていくことが大切ですね。

28 現物や日常の身近なモノに目を向ける

授業をするときに、みなさんがアンテナの感度を高く持っているものは何でしょうか。『頭のよさとは「説明力」だ』（2019、詩想社新書）の齋藤孝さんは、説明をする上でもっとも威力を発揮するものとして「現物主義」を挙げました。

現物は、五感を刺激するというのです。

このことを教室に引き寄せて考えてみることにしましょう。

突破！ こうやって考える

アンテナの感度を「現物」や「日常の身近なモノ」に向けていくことは、授業設計をしていく上で大切にしたいことですよね。

「現物」は、なにより一目瞭然でわかりやすいですから。

「日常の身近なモノ」は、子どもの意欲を喚起しますから。

たとえば、「ごんぎつね」の学習で実際に彼岸花を見せたり、割合の授業で身近な飲み物であるカルピスをつくったりしたことがあります。また、学校にあるラインパウダーを使って、実物大の東大寺の大仏を運動場に描いたこともあります。

これらのアプローチは、子どもたちの琴線に触れ、学びへとつながります。

ただ「現物」や「日常の身近なモノ」から生まれる意欲は、子どもの内側から湧き上がってくるというより、それらに働きかけられて湧き上がってくるものに近いです。

その意味で、このアドバンテージが限定的なものであることを前提としても、子どもを学びに向かわせる一つのギミック（仕掛け）としては有効だと思います（提示の後、質の高い学びをめざしていくことが大切ですね）。

まわりを見渡してみてください。

半径10m以内でも、いろいろと授業で使えそうなモノがありますよね。

電卓、カレンダー、広告。

サイコロ、お菓子の箱、新聞など。

教師が「現物」や「日常の身近なモノ」に目を向けて授業をしていくことによって、まだまだ小さく狭い世界で生きる子どもたちが、身近なところに学びを見つけていく第一歩になるのです。

明日、明後日、授業で役立つモノが身の回りにないだろうか？

アンテナを高く持ち、ひと手間かけて準備することが、明日の授業をより豊かなものにしてくれます！

29 「完璧」「完全」から離れてみる

「学び合う授業」
「つながり合う授業」
「子ども中心の活気のある授業」

挙げればきりがありませんが、それぞれにめざす授業の理想像がありますよね。私にその秘伝を語るような力はまったくありませんが、ここではシンプルに、教師のあり方に着目して、めざす授業に向けた突破の道を探りたいと思います。

突破！ こうやって考える

もともと「完璧」な人はいないし、「完全」な人はいませんよね。

そうであるにもかかわらず、子どもたちに教える立場にいると、どこか「完璧」「完全」側に立たなければならないような気になってしまうことがあります。

そのような気持ちでいると、授業も紋切り型になってしまい、硬いものになってしまいがちです。

教える立場に身を置いているけれど、

「完璧じゃないのがむしろいい」

「不完全なのが魅力的」

というスタンスでいたいと、最近になって思うようになりました。

低学年や中学年を担任すると、教師がわざと「とぼけ」てみせると食いつきますよね。すぐに子どもたちからツッコミが入ります（笑）

体育でも、「（ケガが怖いから）手本はできない～」と言えば、「え～、ほんとうはできないんじゃないの～！」と、また厳しめのツッコミが入ります（笑）

わざとわからないフリをしたり、完璧ではない不完全な自分を差し出したりすることによって、逆に子どもたちがこちら側へ近づいてくるんですよね。

「先生、だからこうなるでしょ！」

「逆上がりは、こうやってするとできるんだよ！」

いつの間にか、教師と子どもの立場が逆転し、つながりや活気が生まれることも往々にしてあります。

意図的に、ときには意図せずに、完璧から離れた自分で向かい合う。

このようなシンプルでユーモアのあるスタンスも、めざす授業へ向けた階段の一段となるのではないでしょうか。

30 ネーミング力で、モチベーションを引き出す

学級目標を決める。

係活動を決める。

児童会の活動内容を決める。

このような場面は、学期の始めなどによくありますよね。どのようなものがよいのかをみんなで話し合って決めることが多いと思います。そんなとき、ちょっとしたスパイスを加えてこの時間を工夫することによって、子どもたちのモチベーションが俄然アップすることがあります。子どもたちのこころにスッと入っていくことがあります。

ちなみに私には、あまりセンスがないのですが（笑）

突破！ こうやって考える

ネーミング力。

学級目標や係活動などに対して、自分ごととして主体的に取り組めるように、ネーミングに一計を案じるのです。きっとみなさんの近くにもセンスのある方がいることでしょう。

たとえば、春に決める学級目標に「納豆」とか「温泉」というネーミングをつけた先生がいました。みんなでめざす学級像について話し合ったことをきわめて端的に表現していますよね。「納豆」からは「粘々としたつながり」を連想します。「温泉」からは「一人ひとりにとって居心地のよい場所」を連想することができます。

ネーミング一つで、一目瞭然にめざす学級像がわかるというのは、学級目標の共有という意味でとても大事なことです。

また係活動でいうと、私の今のクラスには「ハッピー係」というものがあります。誕生日の子にメッセージカードを贈る係なのですが、王道の「誕生日係」というネーミングよりも楽しそうということで「ハッピー係」になっています。どのクラスにも欠かせない「配り係」も、宅配をしてくれる会社の動物の名前がついていますよ。

児童会活動では、かなり前の話になりますが、「あいさつがんばり隊」「おそうじし隊」などと「〇〇〇隊」としてネーミングをつけ、子どもたちの主体性を促しながら取り組んだこともあります。

よく耳にする一般的なネーミングではなく、そこにちょっとした楽しさを加味したネーミングにしていく。ネーミングを工夫することによってポジティブな印象を強くしていく。

些細なことなのかもしれませんが、学期始めのスタートを気持ちよく切り、学級づくりをしていくための一つのアプローチとして有効です。

31 音読カードで、言葉とあそぼう！

「子ども」と「言葉」のタッチポイントは、日常にたくさんありますね。

教科書に載っている「言葉」。

日常の会話にあふれる「言葉」。

テレビなどから流れてくる「言葉」。

人は言葉をベースにして考えたりコミュニケーションをしたりしていきますから、どのような言葉と出会うのか、どのような言葉を取り入れていくのかというのは、非常に重要なことです。今は、言葉の雑さや語彙量の少なさがトピックとして話題に上がる時代です。

だからこそ、言葉との豊かな出会いやかかわりを大切にしたいものですよね。

突破！こうやって考える

機械的にたくさんの言葉を覚えればよいのかといえば、けっしてそうではないでしょう。望ましいのは、そこに「思考」が働くことです。また、覚えるというよりは、言葉の軽妙さや深さを自然と「楽しく」学ぶことが、子どもたちのなかに「言葉」を育てていく道なのではないでしょうか。

『「書く」指導』（２０２０、東洋館出版社）の著者である坪井綾子さんが、「俳句」「なぞなぞ」「だじゃれ」など、広く「書く活動」を捉えることを推奨しているのですが、私はこれを参考にしながら、幅広く言葉を学ぶために、宿題の「音読カード」とセットにして取り組んでいます。

たとえば、音読カードの下部の余白や裏面になぞなぞを5問出したり、だじゃれを10個書く枠をつくったりしています。「早口言葉にチャレンジ！」「回文を作ってみよう！」というミッションを出すこともあります。クリアできたらシールが貼れるというちょっとしたニンジンをぶら下げ、小さな子どもたちが、楽しみながらさまざまな言葉にアクセスできるような音読カードに工夫しているのです。

このような「言葉であそぶ」ことのよさは、豊かな言葉との出会いや語彙量を増やすなどのほかに、みんなが笑顔になれるということもあります。ラフさやリズム感といったものが「言葉であそぶ」ことのなかには流れていますから、たとえちょっと間違ったとしても、それはやさしい微笑みのなかに包み込まれていくのです。

素敵な言葉に出会い、語彙量を増やす方法。

その小さな一歩は、音読カードの延長戦上に添える「言葉であそぶ」ことのなかにありますよ。

32

変化する本棚で、子どもと本を近づける

子どもが本の世界にどっぷりと浸かり、紙のページをめくる音が聞こえてくるような静けさのある空間。子どもが、会話の真ん中に好きな本の話題を置き、楽しげに喋っている時間。

私は、こんな空間や時間が大好きなんです。

1泊2日で、広島県へ家族旅行に行ったときのこと。

普通列車と新幹線を乗り継いで行ったのですが、2日間のなかで紙の本を読んでいたのは、私が見かけた限りでは、たったの一人。いつの間にか「紙の本」と「大人」の間には、遠い距離ができてしまったのかもしれませんね。

一方で、「紙の本」と「子ども」の間には、「大人」ほどの距離はないように思いませんか？ 本来、子どもという存在は本が好きですから。

ですが何もしなくても、子どもが自ら本に近づいていくのかというと、そうではありません。突破するには、やはり「アレ」があるといいですね。

突破！こうやって考える

「アレ」とは、本棚です。

〃ウキウキワクワク〃するような本が、学校の図書室はもちろん、一日を過ごす教室の本棚にあるといいなと思うのです。教室にあるというだけで自然に本との接点は増え、休み時間だけではなく、テストがはやく終わったときなど、ちょっとした隙間時間にも手に取ることができますから。

そして大事なのは、それが「変化する本棚」であること。

私は低・中学年を担任すると「先生の本棚」を教室に置き、図書館で借りた本を並べることがあります。定期的に、新しい本に入れ替えると、子どもたちはパッと手に取って読んでくれます。図書館で借りてくるこのひと手間が、本との距離を近づけるんですね。

また、教師が本を読む背中を見せるというのも、とても大事です。

『子どもへのまなざし』（1998、福音館書店）の佐々木正美さんは、子どもは身近な人をお手本にすると説きました。教師が本を手に取ること。親が本に親しむこと。私たち大人が、読書人としての背中を見せることが、子どものなかにある読書の芽を育てることにつながっていくのです。小さなことなのかもしれませんが、こんなところに読書人育ての第一歩があるように思います。

33 縁の下の力持ちを探せ！

学級には、さまざまな子どもたちがいますね。

担任をしていると、あたり前ですが、子どもという存在は「十人十色」だなとつくづく感じます。

なかやみわさんの『くれよんのくろくん』（2001、童心社）という絵本があるのですが、これまで100回以上読み聞かせをしたように思うほど、我が家にとってお気に入りの絵本の一つです。そのなかに登場するくれよんの色も十色あり、「きいろ」「あか」「ピンク」……、そして絵本の題名にもある「くろ」も、どれもかけがえのない素敵な色（存在）であることをハートフルに伝えてくれています。

さて、学級に引き寄せて考えてみましょう。

リーダー的存在として、まわりに声をかけて引っ張っていく子どもがいますね。

物静かだけど、コツコツと努力を積み重ねる子もいます。

みんなを笑わせるユーモアがあり、太陽のように明るい子もいます。

かんたんなことではありませんが、このような「十人十色」の子どもたちを束ね、集団としての力につなげて育てていくことが私たちの仕事になります。

突破！こうやって考える

「十人十色」の子どもたちを束ねるための秘訣として、及ばずながら、私なりに意識していることがあります。

それは、「縁の下の力持ちを探せ！」。

給食をこぼしてしまったら、「手伝うよ」と言って一緒に拭いてあげる子。

配り物が多いときは「少し分けて」と言って、配ってくれる子。

悩んでいる子がいたら、そっと「大丈夫？」と声をかけられる子。

私は我が子と自宅の本棚にあるマーティン ハンドフォードさんの『NEWウォーリーをさがせ！』（2017、フレーベル館）で、ウォーリーを探す競争をよくするのですが、それと同じように、友だちやクラスのためにさりげなく行動してくれている子を積極的に探すようにしているのです。

探して見つけたら、あとはそれを広めていくだけ！

縁の下の力持ちが増えれば増えるほど、学級集団としての力は安定し高まっていきます。

自分の役割ではないかもしれないけれど、誰かのために手を差し伸べている行動に「光」をあてていく。教育の本質は、こんなところにあるように感じます。

34 「匿名性」が多様性や本心をもたらす

２０２４年の夏は、パリ五輪に熱狂しました。

なかでも、二人の選手が剣を持って戦うフェンシングのメダルラッシュの活躍には酔いしれました。たくさんの五輪競技を観戦するなかで、フェンシングと他競技との違いを感じたのが、顔を守るための網状のマスク。一進一退の攻防を繰り広げる選手の表情が、他競技と異なって、とても見えにくいのです。

でもそれが逆に、選手の心情や表情を想像させることにつながり、勝利が決まりマスクが取られたときに一気に現れる歓喜の表情にはグッと引き込まれました。

教室に引き寄せてみましょう。

堂々と積極的に手を挙げて発言をする子は、考えていることがわかりやすいですよね。でも、思考や心情が見えにくい子もいます。だけれど、それは見えにくいだけで、フェンシングの選手のように必死に戦っているわけです。つまり、考えているわけです。

突破！ こうやって考える

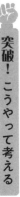

私はコロナ禍のとき、マスクによってこころが解放された気持ちを覚えたものです。それはなぜかというと、吃音のある私は口をパクパクしがちで、それを「隠す」ことができたから……。

私の場合とはまったく違いますが、フェンシングの選手も、マスクによって顔が隠されているからこそ、マスクの下で、よりこころが解放されているということが起きているのかもしれませんね（勝手な想像ですが）。

「隠す」

言い換えれば、授業のなかで「匿名性」を使うというのは、こころを解放させるという意味でよい方法の一つかもしれません。

たとえば、道徳の授業は30人いれば30通りの答えがあり、子どもの本心が出やすいですよね。ただそれだけに「みんなの前では言いにくい」という側面もあります。

そこで「みんなが書いた意見を匿名で紹介していくね」としたらどうでしょう。「匿名」だからこそ、自分の思いが解放されたり、自分らしい表現ができたりする子が出てくるのではないでしょうか。

閉じるからこそ、開かれていく思いや息づかいというものがあるのです。

このような視点をうまく授業に活用していくことが、教室に「多様性」「濃淡」「本心」といったものをもたらしてくれるように思います。

35 デジタルとアナログのベストミックス

教室の風景は、様変わりしました。

学習内容はスクリーンや大型モニターに映し出され、子どもたちは学びの文房具としてのタブレットを活用しながら学び合っていきます。教室のデジタル化が進み、このような風景は、今やデフォルト（初期設定）となりました。

私もデジタル研修を受けたり、ＩＣＴに長けた同僚の先生に教えてもらったりしながら実践をしているのですが、（昭和世代の私の力では）なかなか自分らしいカスタマイズができないんですね。

正直、むずかしいのです。

使えるけれど、使いこなせないという感じでしょうか。

みなさんは、いかがでしょうか？

突破！こうやって考える

思いを巡らせた結果、自分なりの気づきを得たのです。

熱意はきっと子どもに届く。

間伐は みどりを育てる 深呼吸

当しおりは間伐材を活用しています

「ていねいに（T）つながる（T）」まず一つめに、基本姿勢としてTTをこのように捉えるとわかりやすいのではないでしょうか。

　事前に打ち合わせをして方向性を揃えることで、一人よりも二人のほうが、より「ていねい」にかかわることができ、より深く「つながる」ことができますから。

　二つめは、『逆説の法則』（2017、新潮選書）の西成活裕さんが提唱しているT字型人間の育成をヒントにしたものです。西成さんは、Tの縦軸は専門性を掘り下げる能力、Tの横軸は周辺を幅広く知る能力としているんですね。

　これを参考にして、今回のテーマである「TT」を考えてみることにしましょう。「T」の横軸を、ここではT1の教師として考えます。Tの横軸、つまり、幅広く全体の動きをみて授業を進める役割を担います。

　次に「T」の縦軸を、T2の教師として考えてみます。Tの縦軸、つまり、一人ひとりに寄り添ってていねいな指導をする役割を担います。

　役割の異なる二人の教師が「全体」と「個」に適切にアプローチしていくことによって、質の高い指導が生まれていくというイメージを持てますよね。

　このような角度を変えた二つの視点を持つと、指導の凸凹などを問いながら、より充実したTTへとつながっていくのではないでしょうか。

4章

自分自身を突破！

37 「こんにちは」であいさつ名人

「あいさつ」

今の私にとって、あいさつは一丁目一番地に大切なことです。

それは自分自身にとっても、そして学校全体にとっても……。

正直、若い頃はたいして気にも留めていませんでした。もともと、どちらかというと恥ずかしがり屋な性格で、元気いっぱいに大きな声を出すほうでもない。「おはようございます」の「お」が出にくいという吃音持ちゆえの理由もありました。

それが、歳を得るごとに、その大切さを強く感じるようになってきました。

性格も声の大きさも変えない。それでも「あること」を意識し始めたら、「先生、よくあいさつしてくれるよね」と、数人の子どもたちから声をもらうまでになったのです。

それは何かというと……。

突破！こうやって考える

一つめの突破口は、「こんにちは」。

あいさつといえば、やはり朝の「おはようございます」が頭に浮かびますよね。

しかし、学校で過ごす大部分は「こんにちは」の時間帯なのです。「おはようございます」よりも使える回数が多く、私にとっては「あ」より「こ」のほうが言いやすい。それに、積極的に言っている人が少ない。

「これだ！」

そう思った私は、休み時間などに廊下ですれ違う子どもたちや同僚に「こんにちは」とあいさつをすることを始めたのです。小さめの声だけれど、ちょっぴり会釈をしながら、相手に届くようにと願って……。

「おはようございます」の陰に隠れがちな「こんにちは」。

だけれど、その効果は大きいですよ！

二つめの突破口は「自分からしたものはあいさつ、相手からされてしたものは返事」と教わったこと。

「自分から先に言わなきゃ」

そんな思いを、この教えはいつも私に与えてくれています。

あいさつは自分自身をそのまま反映させるもの、学校を映し出す鏡のようなものですよね。「こんにちは」から生まれるとてもいい空気や流れというものがあります。

ぜひ言ってみてくださいね。

38

謝るときは、成長するチャンス

『「かかわり言葉」でつなぐ学級づくり』（2019、東洋館出版社）の青山由紀さんは、「今の子どもは、『失敗しちゃった』とか、『ごめんなさい』と思っていても、固まってしまって『ごめんなさい』が言えないことが多い気がします。チラチラこちらを見て、『わかってよ』みたいな表情をしている（笑）」と書きました。

同じことを感じます。

その理由は定かではありませんが、「ごめんなさい」という一言が、ひと昔前と比べて言えなくなった子どもたちの姿があるように感じるんですね。

突破！こうやって考える

私はこれまで、素直に「ごめんなさい」と謝る素敵な方々にたくさん出会ってきました。「実るほど頭を垂れる稲穂かな」というように、人生経験を積み、徳を重ねた人が素直に謝る姿というのは、目の前にいる私たちのこころを揺さぶり、背筋をピンと伸ばしてくれるように思います。

素直に「ごめんなさい」と伝えられるからこそ、周囲からの共感的で厚い信頼を得ることができるんでしょうね。

私を例にとれば、宿題を配り忘れたり、チャイム席に間に合わなかったりと、時折ミスをしてしまいます……。成長途上真っ只中の子どもたちは、友だち関係で揉めたり、忘れ物をしたりしますよね。

教室という場所は、数少ない大人とたくさんの子どもたちで構成されている特別な空間です。だからこそ、年齢が上で人生の先輩である教師が「ごめんなさい」のモデルになることが大切であり、それが子どもたちの「ごめんなさい」を日常にしていく第一歩になるように思います。

「謝るときは、人となりがあふれる瞬間」
「謝るときは、相手が全身を耳にして聴いてくれる瞬間」
「謝るときは、自分自身を成長させるチャンス」

こんな思いを、子どもたちと共有していきたいですね。

39

腕組みと足組み、卒業！

「おだやかですよね」

「不機嫌になることはないんですか？」

こんなことを言われることが、ようやく最近になって増えてきました。もちろん不機嫌になることはあるのですが、とてもありがたい声です。

実はこれまで、「おだやかさ」からは、けっこう遠い位置にいたと思うのです。

ちょっと尖ったところがあり、精神的にも脆く、波風が立つこともありましたから。

おだやかな世界の扉を開けられるいい年齢になったのかもしれませんが、振り返るとその扉を開ける「きっかけ」があったのです。

突破！ こうやって考える

40代半ば。

ほとんど知り合いのいない小学校へ異動になった私。異動を追い風にして「再出発」をしようと思い、日常を眺め直して「あること」を大きく変えたのです。

「あること」とは、無意識にしていた「腕組み」と「足組み」をやめ、両手は前で重ね、両足は自然に床につけるようにしたこと。

当時読んでいた『吉井理人コーチング論』（2018、徳間書店）に、「僕はベンチで戦況を見つめているときも、腕は組まないように心がけている。一度、なにかの撮影の際にカメラマンの方に『腕を組んでください』とお願いされたことがあるが、それも断った。それくらい気を遣っている」とあったのです。

周囲に目を向けたとき、当時、私が勤めていた小学校に、人の話を聴くときにはかならず手を前で組んで聴いていてくれる方がいました。

「真似しよう」

異動を機に、長年染みついた所作の土台部分の転換を試みました。今ではすっかりからだに馴染み、コピーを待つ間も、自然と手を前で組んでいることがあります（笑）

けっして「おだやかさ」を求めて始めたことではありません。

ですが、腕を組まない、足を組まないといったていねいな「形」が、いつの間にか内面にまで入り込み、「おだやかさ」につながっているように感じるから不思議です。

また蛇足ですが、第一印象が「コワモテ」に見られがちなところも、このような所作が威圧感や緊張度を和らげ、自分自身を助けてくれているようにも思います。

腕組みと足組みの「卒業」。意外と、大きな意味を秘めています。

40 「10年目の壁」を突破する

みなさんは、教職に就いて何年目でしょうか？

初任の方であれば、右も左もわからないような環境のなかで奮闘していることと想像します。初任校で3～6年間仕事をして2校目へと異動したばかりの先生方であれば、前任校との違いに戸惑いながらも、これまでの経験を武器にして活躍していることでしょうね。

ここで注目したいのは「10年目」の先生方です（もう少し幅を広げて「10年目前後」と考えてもよいでしょう）。

渡辺弥生さんの『子どもの「10歳の壁」とは何か？ 乗りこえるための発達心理学』（2011、光文社新書）という本があります。綱澤昌永さんの『「つ」のつくうちに家庭教育―九つまでに決まる子育て―』（1998、登龍館）という本もあります。

タイトルにある「10歳の壁」「九つまでに」という言葉からは、子どもにとって「10年目」というものが意味深いものであることが伝わってきます。

ここではその内容について深く立ち入りませんが、教師にとっても「10年目」というのは、これからの教職人生を左右するような分水嶺となる気がするのです。

「10年目」をくぐった者として。

突破！こうやって考える

「10年目」、つまり「10年選手」となれば、これまでの経験から裏打ちされた教育観を持って、しっかりと仕事を前に進めていることでしょう。一方で、ひょっとしたら何か「壁」を感じている方もいるかもしれませんね。

私自身がそうでした。

平たくいえば、胡坐をかいていたような感じがします。それなりの経験が仇となり、慢心という形で出ていました。また、自分の伸びしろが少なくなっているような気もしていました。いわゆる「10年目の壁」を感じていたのです。

「突破」したい！

でも、どうしたらいいんだろう。

そんな思いに駆られた私は、9年目に大学院への進学希望を伝え、10・11年目と大学院で保健体育を専門にして学ぶ機会を得ました。現場を離れる学び直しには勇気も必要でしたが、自ら手を挙げて思い切って環境を丸ごと変えたのです。

正解でした。

「慢心」は「虚心」となり、見える世界がグッと広がったのです。

現場と大学との間をリカレントの形で往復して学ぶことの大切さも実感しました。

さて、みなさんが「10年目の壁」にぶつかったとき――。

どのように考えて突破していくとよいのでしょうか。

私のように、丸ごと環境を変え、大学院で学ぶという選択肢もあるでしょう。ただ大きな環境の変化を伴いますから、たとえば10年間の自分の歩みを振り返り、成果と課題を洗い出してみるという作業もよいだろうと思います。

また、やってみたい役職をめざして研鑽を積んだり、一つの教科のスペシャリストとしてさらに専門的に突き詰めていったりするというのも、大きな突破口になるかもしれませんね。

いずれにしても、経験でハードルを越えていける10年目だからこそ、学び続けることの大切さを自分自身に問いたいですね。

41 読書の学びを自分のものにするために

以前、友人から「全体と部分について興味があって学んでいるんですけど、それにかんする本があったら教えてください」と訊かれたことがあります。2冊の本が思い浮かび、「それなら、この本の何ページ目と、もう一つはこの本の何ページ目に書いてあるよ」とメールの返事をしました。すると「パッと出てくるんですね〜！」と、ちょっと驚き気味の友人の反応が。

私自身、読み下手というか、書いてあることがスッと入ってきて、ペタッと脳にくっつくほうではありません。残念ながら、理解力も高いほうではないんです。でも、せっかく本を読んだのだから、その学びは記憶に留めておきたいし、研修会で話をしたり、同僚からアドバイスを求められたりしたときなどには引用しながら伝えたい。

そこで自分なりに、どうしたら読書の学びが自分のなかに蓄えられ定着していくのかを考え、さまざまなことを試みた結果、ある読み方にたどり着いたのです。

突破！こうやって考える

私が本とのかかわりのなかで、ここ数年、実践していることが三つあります。

一つめは「本は借りない、本は買う」。

二つめは「本に付箋を貼る、そして書き込む」。

三つめは「印象的な部分は、スマートフォンに入力する」。

私の場合は、この三つを行うことによって、ようやく「このテーマなら、あの著者の本のあの辺りに書いてあったな〜」と頭にひっかかるようになりました。

昭和的な古い考えだとは思いますが、新たな学びを求めて身銭を切り、それをいつでも読めるように手元に置いておくことは有効でしょう。また、本という「師」が、そばにたくさんいるという感覚は心地よく心強いものです。

そして、身銭を切って買った本だからこそ、学び多きページには付箋を貼り、サイドラインを引き、自分の考えも遠慮せずに書き込んでいくのです。

汚さずにきれいに……、とは考えません。

最後には、印象に残ったところについて、「作者」「本のタイトル」「ページ」「文章」の順にスマートフォンに打っていきます。ひと手間かかりますが、私の場合は、この入力作業によって、頭にペタペタとくっついていく感じがあります。スマートフォンはいつも持ち歩くものだけに、いつでも手軽にアクセスすることが可能ですから。

このような読み方も、読書の学びを確かなものにするきっかけとなりますよ。

42 始まりは、聴くことから

駆け出しの頃、私はクラス全員発表を目標としたり、グー・チョキ・パーのハンドサインを使って積極的な発言を促したり、とにかく「手を挙げて発言する」ことに価値を置いていました。

「話すこと重視」だったんですね。また、その活発な教室の空気に、どこか安心感を抱いていたようにも感じます（沈黙や静けさが苦手でした）。

今、おそらく周囲からの目は「話すこと重視」には映っていないように思います。

そう、「話すこと」と背中合わせの関係にあるもう一つの大切なことを重視していると映っていると思うのです。

突破！こうやって考える

先輩教師が東井義雄さんのことを敬愛していて、それが縁で手に取った本があります。

『東井義雄一日一言―いのちの言葉―』（2007、致知出版社）。

そこにはこう書かれています。

「『聞く』は話すよりも消極的なことのように考えられがちだが、これくらい積極的な、全身、全霊をかけなければできないことはない」と。

「積極的」「全身」「全霊」と、強い息づかいや想いを感じる言葉が並んでいますよね。

本書では「聴く」という字をあてますが、多くの研究者や識者も指摘しているように、「聴く」という行為は受け身なものではなく、積極的で価値高いものです。

この言葉が、私のからだのなかに染み込んでくるまでには、ずいぶんと時間を要しました（まだまだですが）。

それだけ「聴くこと」という営みは、むずかしいものだと実感します。

昔から「木（き）は本（もと）から」といいますね。

何事も基礎基本が大切です。

教室はもちろん、職員室や家庭にも「聴く」が基礎基本として位置づくことは、一つの殻を破る糸口になると私は信じています。なぜなら、

「聴く」ことは、教室の安心につながります。

「聴く」ことは、職員室のマイルドな雰囲気をつくります。

「聴く」ことは、家庭の居心地をよりよいものにしてくれます。

なかなかむずかしいことです。ですが、もう一段上がりたいときに、今の状況から一歩を踏み出したいときに、探し求める必要なピースは「聴く」なのかもしれませんよ！

43 成長を願って、あっさりさっぱり叱る

私自身、根っからの「叱り下手」です。

みなさんはいかがでしょうか？

「叱り上手」でしょうか。

それとも「叱り下手」でしょうか。

私には、ほんとうにむずかしいのです。子どもにとって意味を持つ叱り方というのが……。学校は日々、さまざまな文脈で、さまざまな出来事が起きますから。

それでも、厳しく叱ったり、ときに怒ったりすることも多いけれど「子どもがついてくる先生」っていますよね。いちばん厳しいイメージのある先生が「大人気」ということもあります。

これはどういうことなのでしょうか？

これまで出会ってきた「叱るけれど、大人気の先生」に学び、その突破口を探りたいと思います。

突破！ こうやって考える

一口では言えないさまざまな要素があることを前提として、三つに絞ってみましょう。

何を今さらと思われるかもしれませんが、おぼろげながら感じているのは、まず「明るさ」です。

ふだんの太陽のような「明るさ」のなかに「叱る」があり、「叱る」が「明るさ」のなかに、ちゃんと包まれている印象を受けるんです。

そして次に、「あっさり」「さっぱり」していること。

「叱る」も料理と同じ。「あっさり」「さっぱり」していることで、のど越しよくこころにスッと入っていくように感じます。

叱っても、すぐにフラットな状態にもどることはほんとうに大切ですよね。

最後に感じるのは、子どもの成長を願って叱っているということ。

つまり、子どもの成長を願う延長線上に「叱る」が位置づいているわけですね。

自分自身に引き寄せて考えてみると、感情的に接したときは、届けたいものは届きません（感情的にならずに伝える必要があります）。逆に、遠慮して言わなければならないことを呑み込んだらうまくいくかといえばそうでもありません。

「叱る」の好循環の始まりには、この三つがあるように感じます。

44

視点を定めて、子どもをみる

教育者の斎藤喜博さんは「みえるということの意味」について、次のように説きました。

「教育とか授業とかにおいては、『みえる』ということは、ある意味では『すべてだ』といってもよいくらいである。それは、『みえる』ということは、教師としての経験と理論の蓄積された結果の力だからである。（中略）実際のところ教育とか授業とかにおいては、相手がみえなければどうにもならないことである。子どもの思考とか、とまどいとか、新しいものを発見したときの子どもの喜びの表情とか、つぶやきとか、美しいものとか、みにくいものとかが、そのときどきにひらめくようにみえなかったらどうにもならないことである」（『斎藤喜博全集第6巻』１９７０、厚徳社）。

今から50年以上も前に出された本の一節ですが、今でも〝トントン〟とこころをノックされるような教えです。

しかし、教師の目や耳に入るつぶやきや表情だけではなく、内面的なもの、みにくいものまでをも「みる」というのは、かんたんなことではありません。

「みる」

「みえる」

実に奥深いこの営みは、何を手がかりとしていけばよいのでしょうか？

突破！こうやって考える

30代の半ば、私は「子どもをみていない、みれていない」と言われたことがあります。ハッとしました。それが正直な気持ちでした。

企業に勤めてから30歳で教師になった私は、無我夢中で仕事に取り組んでいたつもりでしたが、目新しい実践に目がいきがちで、子どもを「みる」ということを脇に置いてしまっていたのです。転機になったのは、

「エピソード学級通信」

これが「みる」「みえる」ことにかんして、私が少し前進できたきっかけとなりました。

〇〇〇〇さんという固有名詞にこだわって、日常の子どものがんばりを綴り、学級通信として家庭に届けるようにしたのです。

しかし、最初は驚くほどまったく書けませんでした。両目を大きく開いても、10分間じっと眺めていても、みえないものはみえないのです。

そこで、焦点をグッと絞りました。たとえば、

「今日は、AさんとBさんについて書く」

「Aさんは図工の授業で、Bさんは算数の授業でエピソードをつかむ」

「Aさんは、細かいところまで上手に描けるから、筆の持ち方をみる」

「Bさんは、学んだことを的確にまとめることができるからノートの振り返りをみる」

「筆は立ち方をみて、振り返りはわからなかったことについての記述をみる」

このように、まず対象の「子ども」と「授業」を決め、次に「視点」を定めたのです。

そして、定めた「視点」と、それについて学んだ自分の知識をひも付けながら書くようにしたのです。

こういうイメージです。

「子どもの学びの様子＋自分が得ている知識＝エピソード」

このような流れをベースにして、さまざまな教科や場面に対して、多様な視点をあてていくと、徐々に「みる」「みえる」力が鍛えられていくようになります。

学級通信を発行する時間や余裕がない方も多いと思いますから、メモを取るだけでも大きな一歩です。

スムーズに書けるようになってきたら、それは「みえる」ようになってきた証しですよ。

45 授業観察するための三つのアプローチ

授業研究会を参観するとき、みなさんは教室のどこの位置から見るでしょうか？教室のサイドもあれば、後方もありますよね。また、どのような視点で授業観察をするでしょうか。誰をどのように見ればよいのかもむずかしいものですよね。

授業研究会は、せっかくの貴重な学びの機会。

自分のなかに新たな視点という学びのお土産を持って帰りたいし、授業者の方には感謝を込めて学ばせていただいたことをフィードバックしたいですよね。

以下に並べる突破のポイントは、けっして目新しいものではなく、なかなか視点の定まらなかった私に、諸先輩が教えてくれたことや自分なりに考えてつかんだものになります。

授業研究会を参観する目をブラッシュアップするきっかけとして、ここでは三つに絞って突破の糸口を探ります。

突破！こうやって考える

一つめは、どの位置から見るのか。

かなり前の話ですが「後頭部を見てどうするんだ！」と先輩から言われたんですね。「たしかに！」。この先輩の言葉は、立ち位置を見直すきっかけを私に与えてくれました。いちばんは「見る位置＝子どもの表情が見える位置」がよいですよね。後頭部を見ているよりも「わかる」「むずかしい」「楽しい」などの表情から伝わってくるものはとても大きいですから。

二つめは、どのような視点で授業観察をするのか。

まず私は、ふだんから学び合いの授業を志向していますので、グループのなかで「わからないから教えて」「どうしてそうなるの？」といった子ども同士のコミュニケーションが交わされているかどうかに目がいきます。そしてそのなかで、学びについていくことが精いっぱいな子どもの様子をよく見ようと心がけています。

三つめは、授業を受ける子どもと同じように、自ら「学び手」になること。

このことに、教職年数は関係ありません。若手も、ベテランも、管理職も、誰でも一人の「学び手」にもどることができます。「今の問いはわかりにくいな」「この説明はできるけれど、こっちはどう言えばいいんだろう」などと、教師が「学び手」として授業を受ける姿勢を持つことによって見えてくるものは多くあります。

「生きた教科書」といえる授業研究会の時間。

見え方が変われば、見える景色と学びの深さも変わってきますよ。

46 「自立」とは、一人で何でもすることではない

以前、授業研究のための指導案に「自立」について書く項がありました。

この「自立」というキーワードは、教育の現場では、よく耳にするものですよね。指導案を書くためにいろいろな情報にあたるなかで、ふと自分自身を振り返ることがあったのです。

それは何かというと「卒業式の司会を代わってもらったこと」。

実は3学期の始めに、卒業式の司会があたっていることを知り、私はけっこう動揺したんです。吃音のある当時の私には、そのハードルはかなり高かったのです。

「どうしよう……」

悩みに悩んだ末、結果として私は、同僚に理由を説明して代わってもらいました。

「できない自分が情けないなぁ」

「同僚に申し訳ない」

という気持ちが、正直ありました。

でも今は、熊谷晋一郎さんの考え方に出会い、それが「自立」を考えていく上での突破

口となっています。

突破！　こうやって考える

私が出会った熊谷晋一郎さんの考え方とは、

「自立とは『依存先を増やすこと』」[*1]

目から鱗でした。何でもかんでも一人でこなしていけることが「自立」だと思っていましたから。こころにそんな思いがあったことによって、ハードルの高い卒業式の司会も悩みに悩んでいたのです。

でも、違いました。

できないことはできないと、素直に伝える。

弱さや脆さは、みんなでシェアしていく。

気持ちよく、人に頼っていく。

こう考えると、目の前の世界がグッと広がり楽になります。

子どもにとっても！　大人にとっても！

＊1 全国大学生活協同組合連合会
https://www.univcoop.or.jp/parents/kyosai/parents_guide01.html（2024.8.25参照）

47 つま先立ちで、自分とチームを成長させる

最近、あとちょっとでもいいから「成長したい」と思うようになりました。

伸びしろは少ないかもしれませんが、あと少し！

なぜ、そのような心境にいたったのかというと、言葉にするのはむずかしいのですが、自分のなかで何か停滞しているような感じを覚えたのです。

成長という名の貯金が貯まっていないというような感じでしょうか。

大きな勝負はできませんが、勝負する土俵、つまり自分を高める土俵がどこかにあるのではないかと思い、まわりを見渡して探してみました。

見つかりました！

今まで、どちらかというと「耳を傾けること」が多く、「口を開くこと」が少なかった場面です。口を開くことが少なかったということは、それほど得意な場面ではないということです。でも、その土俵に上がることで、自分が少しでも成長できると思ったのです。

突破！ こうやって考える

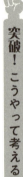

その土俵とは、研修会の場。

ここ数年、自分の考えを主体的に伝えることは、あまりしてこなかったんですね。「耳を傾けること」といえば聞こえはいいですが、その場にいるだけということもありました。

あるとき、ふと気づいたのです。

成長という名の貯金が貯まっていないことに（そのような通帳はありませんが……）。

そこから、ちょっと勇気を出して、研修会で手を挙げるようにし始めたのです。「よいことを言おう」ではなく「素直に感じたことや学んだことを言おう」と意識しながら。

思いを伝えると、自分のなかの何かが動くんですね。研修会が終わったあと、自分のなかに残るものを確かに感じられるようになったのです。

私にとって自分の考えを伝えることは「つま先立ち」です。

ふくらはぎに力を入れて、上へ伸びようとしている瞬間です。けっして得意なほうではありません。でも「つま先立ち」をして伸びた10cmが、ほんの少し、そして確実に自分を成長させるということを実感したのです。

そしてもう一つ。私のコメントに対して、同僚から好意的な感想をもらって思ったのです。みんなの前で思いを伝えることは、チームに力を与えることにもなるということを！

研修会での「つま先立ち」で、自分自身とチームを成長させていく。

これが、及ばずながら努力している今の私の突破口です。

48

書くことは、自分自身を高める魔法の杖

私のまわりに「書くこと」が好きという方は、それほど多くいないように思います。みなさんはどうでしょうか？

私は今、手に取っていただいているこの本のように、ふだんから「書くこと」をしていますが、けっして得意なほうではありません。

いつもテーマを考えるのは苦労しますし、川の流れのごとくスラスラと筆が走るということはないんです。

でも「書く」という営みは、自分自身を磨くのにもってこいのように思います。

「書くことはむずかしい」

「テーマを考えるのがめんどうくさい」

「うまく書けない」

などと、やや「書くこと」へのハードルは高いかもしれませんが、次のように考えて書いてみてはどうでしょうか。

突破！こうやって考える

自分自身を磨くのにもってこいと感じるのは、まず書くことによって、自分のごちゃごちゃしている頭のなかがわかるんですよね。ごちゃごちゃしているから、スタート付近ですぐにブレーキがかかります。

でも、そこを乗り越えて書き始めると、自分が考えていることがだんだんとクリアになってきます（うれしいものですよ！）。

たとえば、ペットボトルに入れた泥水が、時間が経つと泥と水にわかれていきますよね。あれと同じような感覚です。書いていると自分の頭のなかのごちゃごちゃが自然と整理され、考えの芯が明確になっていきます。

このプロセスが、自分磨きになるんですね。

そしてもう一段、ハードルを下げる突破のヒントは、ズバリ「うまく書こう」としないことです。いい文章を書こうと思えば思うほど書けませんから……。

気負わずに、自然体で、まず書いてみる。

書いて、書いて、書いてを繰り返していれば、自分の考えの芯にたどり着き、そして気がついたら自分らしい文章の所作も身についていきます。

「書くこと」は、（ひと手間かかりますが）自分自身を高めていく魔法の杖ですよ。

5章

職員室を突破！

49 間抜けな話は、職員室の清涼剤

職員室の空気というものは、数値では測れないけれど、とても大事ですよね。人事異動のある公立学校では、大なり小なり、教職員の構成は毎年変わりますから、その年ごとの職員室の空気というものが存在します。

さて、みなさんの職員室の空気は、今、どのような感じでしょうか？

自然と笑い声に包まれるような職員室なら、最高ですね。

文句がたくさん聞こえてくるようなら……、教室にこもりたくなってしまいます。

それぞれが個業に走っているような雰囲気があるならば、ちょっとさみしい感じがしますよね。

教職員一人ひとりにとって、大切な職員室の空気。

気持ちのよい空気を循環させるには、どのようなことが必要なのでしょうか？

突破！ こうやって考える

突破するためのヒントとして大切にしたいのは、相手の頬が緩むような〝ちょっと〟間

抜けな話が、職員室のなかで交わされているかどうか……。それも、年齢が上の教職員が積極的にそういった話を出せているかどうかだと思います。

ミソは、〝ちょっと〟というところ。

場の和みは、軽いタッチと受け入れやすさを好みます。

たとえば、教室からある物を取りに職員室にもどってきたのに、「何を取りに来たんだっけ？」とつい物忘れ（笑）。「マスクがない。ついさっきまで持っていたのに……」と慌てて探していると、「腕にかけてますよ！」という同僚からのツッコミ（恥）。机の引き出しの整理整頓が苦手な私が印鑑を探していると、「私も苦手なの〜」「わかる〜」という同僚のやさしい共感の声（笑）

これらのエピソードに出てくるような「物忘れ」「おっちょこちょい」な日常の出来事は、どれもメッセージ性のないふわふわしたものですよね。気ままに職員室のなかを漂っている感じのものです。こういうメッセージ性がないとりとめのないものこそが、実は職員室を明るくし和ませる効果を持っているんですね。

きっと、みなさんの職員室にも「物忘れ」や「おっちょこちょい」エピソードを発信し、職員室の和やかな空気をリードしてくれるようなマイルド教職員がいるのではないでしょうか。

その方に続きましょう。〝ちょっと〟した間抜けな話が、職員室の清涼剤となりますよ。

50 異動者の新しい風を生かす

かなり前の話にはなってしまいますが、企業勤めから学校勤めになって感じたことのなかに、前例踏襲の多さがありました。

「昨年度と同様に……」

「これまでもそのようにしてきましたので……」

けっして悪いことではありません。なぜなら、見通しを持って安全に事を進めることができるわけですから。ですが、それに傾きすぎると、思考停止状態になったり、ブラッシュアップしていこうという空気感そのものが失われてしまったりします。私自身も、勤務する学校での在籍年数が長くなればなるほど、ブラッシュアップの目が曇っていくように感じます。

そんなとき、近くを見渡せば、思考がフル回転している方がいますよね。

「もっとこうしたらいいのに！」と、新鮮なアイデアを持っている方がいますよね。

そう、あの人たちです！あの人たちに訊くといいんです。

突破！こうやって考える

あの人たちとは誰か。そう、新しく異動してきた教職員の方々です。

異動によって新しく学校に赴任した方は、春先だけではなく、1年を通してこれまでの学校との違いを感じます。私も今、4校目の小学校で勤めているのでわかりますが、特に意識をしなくても、全身で違いを感じているのが異動1年目の先生たちなんです。

その「声」をちゃんと拾おうと努めるかどうか。

その「新しい風」を取り入れようとするかどうか。

これらの視点を大切にすることが、学校や学級をブラッシュアップしていく新しい目と可能性を育てていくことにつながるように思います。

以前、異動して数週間経ったときに「気づいたことや違和感を感じたことがあったら、どんどん教えてほしい」と言われた先生がいました。この言葉はまさしく、先述の二つの視点を大切にしています。異動して間もない私が抱いているであろう違和感を「大切な気づき」「大切な風」として受け取っていただいているのです。

前例踏襲に傾きがちであったり、思考が固まってしまったりしたときには、近くにいる異動間もない同僚に訊いてみましょう。

その新しい風によって、きっと新しい何かが生まれます！

51 心地よい空間が、よい仕事につながる

職員室をはじめとしてさまざまな場所が、みんなにとって使いやすく気持ちのよい空間になっているといいですよね。

整理整頓と仕事はくっついています。

どのような空間にするのかは、どのように仕事をするかです。

そこでここでは、空間に焦点をあてます。これまで個人で働きかけて突破したことや、教職員みんなで突破したことを例にして、気持ちのよい空間づくりについて突破の道を探っていきたいと思います。

突破！こうやって考える

まず、個人で突破したこと。

それは「配布物棚」と「鍵置き場」の設置です。学校では毎日さまざまな紙媒体のプリントが配られますが、それが職員室の机上に置かれる文化だったことがあります。私はできるだけ机の上はきれいにして、作業エリアを確保したい派。

そこで、みなさんに下相談をした上で、職員室のなかに各学級ごとの「配布物棚」を設置しました。すると、やはり机上での仕事はやりやすくなり、一人ひとりにもう一つの収納場所が追加されて便利になるという一石二鳥の効果があったのです。もしみなさんの学校になければ、オススメですよ。

また、特別教室につけたものが「鍵置き場」。

たとえば、「あれ、体育館の鍵がない……。あっ、こんなところにかかっていた」というようなことが時々あったんですね。特別教室での「鍵」の場所が固定されていなかったことによって、このようなすれ違いが起こっていたわけです。

「特別教室に鍵置き場をつけよう」

そう思い立った私は、ホームセンターへフックを買いに走り、特別教室の入り口付近に鍵の置く場所を取りつけました。鍵に住所（固定場所）がつくと、すれ違いは起きにくくなります。これもオススメですよ。

そして、みんなで突破していたことといえば、夏休みや冬休み期間を利用した特別教室の断捨離。

どうしても、図工室や理科室などの準備室は、いろいろな方が使うために物が増えたり、整理整頓が行き届かなかったりしがちな場所です。

「使った人は、きれいに片づけましょうね」

というかけ声や約束だけでは、なかなか整理整頓されたすっきりした空間にはなりません（かけ声倒れになることが多いです）。

そこで、夏休みや冬休みの1時間を職員作業にあて、低学年部は図工準備室、中学年部は理科準備室、高学年部は体育館倉庫などというように割りあてて全員で作業を行うのです。

みんなでやれば、はやくきれいになります。

学期のスタートを気持ちよく切ることができます。

そしてなにより、みんなでやったからこそ、その空間は大切にされます。

心地よい空間は確実に、よい仕事へとつながっていきますよ。

特別教室

52 素人質問で、暗黙知を減らす

月に一度の職員会議。

朝の打ち合わせなどとは違い、教職員みんなで、時間をかけてこれからの方向性を話し合う貴重な場です。みんなで情報共有をしていくわけですが、そこで大切になってくるのが細かい事柄です。

たとえば、

「このような場合になると、教師二人では対応がきびしくないですか」

「この日は○○先生がいないので、誰がチャイムを切りましょうか」

「私から、この場にいない専科の先生には伝えますね」

「雨が降ったときは、駐車場はこちらを優先にしましょう」

そう、このように細かい点まで気を配り「暗黙知を減らす」ことがきわめて重要になってくるのです。

みなさんの職場にもいるのではないでしょうか。

職員会議で、暗黙知を減らすような声をかけてくれる方が――。

「すみません、一応確認なのですが〜」「あたり前のことを訊くかもしれないのですが〜」「理解不足で、間抜けな質問をするのですが〜」

これらの質問は、安斎勇樹さんが著書『問いかけの作法 チームの魅力と才能を引き出す技術』（2021、ディスカヴァー・トゥエンティワン）のなかで紹介している〝素人質問〟になります。

もし、このような素人質問をしてくれる方が一人でもいれば、ほんとうに貴重な存在だと思います。

前へ前へと進む会議のなかで、ちょっと立ち止まって考える時間が生まれるわけです。みんなが気づかなかった細かな点を共有することができるわけです。あえて、話を巻きもどしてもらうことで、私などは理解が深まります。

大通り中心の情報共有だけではなく、そこから一歩脇に入ったような小道の情報共有も心がけることで暗黙知を減らしていくことができるのです。

一人ひとりが素人にもどって素朴な質問をしていく。それは、異なる角度から物事を見つめ、暗黙知を減らしていく職員会議の大切な突破口であるように思います。

53 SOSと質問で、職員室の雰囲気をライブなものにする

ちょっとピリピリした雰囲気の年の職員室もあれば、心地よいそよ風が吹いているような年の職員室もありますよね。ライブ感あふれる年の職員室は、ほんとうに賑やかで活力にあふれているものです。

そこで、賑やかでライブ感のある職員室にあるものは何なのか。

さまざまな職員室を経験してきた一人として、突破のきっかけを探りたいと思います。

突破！こうやって考える

結論としては、ライブ感のある職員室は、網の目のように「声」が飛び交っているんです。それだけかかわりが深いといってよいでしょう。たわいのないおしゃべりから、助けてほしいというSOS、率直でストレートな意見まで、多様な「声」が飛び交っているわけです。私は同僚をリードしておしゃべりをするほうではありませんが、おしゃべりって大切なんですよね（笑）

そのなかで、私が職員室のライブ感の源として大切だなと感じているのが「SOS」と

「質問」の二つです。

SOSは「誰か助けて〜!」ですよね。

「プリンターがつながらない、誰か助けて〜!」「ゴミを出すのを手伝って〜!」などと、とにかく声を出すのです。声を出せば、近くにいる誰かが反応します。「助ける―助けられる」という日常の関係性は、つながりを太くしライブ感の源になりますよ。

またSOSは、けっして経験年数の浅い若手の先生だけの特権ではありません。職員室の雰囲気を活性化するのは、ときにミドルリーダーやマネジメントを担うリーダーのそのような「声」であることも多くありますから。

質問は「誰か教えて〜!」ですよね。

蛇足ですが、我が子がライブ感あふれる5・6歳だった頃、「パパさぁ、春・夏・秋・冬っていう順番は誰が決めたの? 変えちゃダメなの?」「どうしてお父さんは大きいのに、お父さん指は小さいの?」などと、素朴な「?」を次々と投げかけてきたんです。

そのとき感じました。ライブ感の源は、質問のチカラなのではないかと。

職員室に引き寄せて考えてみても、たくさん質問をする先生からは、エネルギーが出ていますよね。質問は成長の貯金であり、同僚とのつながりを太くすることにもなります。

「遠慮のし損はしちゃいけないよ」と大学の先生から教わったこともあります。

積極的な「SOS」と「質問」で、職員室の雰囲気を活性化していきましょう!

54

お土産は、職員室の笑顔の一歩

職員室の雰囲気が明るいと最高ですね。

帰りたくなる我が家ではないけれど、行きたくなるような職員室の雰囲気があると、それだけで明日へのエネルギーのもとになります。

ふだんからの何気ないコミュニケーションがいちばんですが、5月の大型連休や夏休み、冬休みなどにシェアされる特別なものが、ちょっとしたコミュニケーションを運び、職員室を賑やかにしてくれることってありますよね。

突破！ こうやって考える

職員室の雰囲気を明るくする特別なアイテム。

それは、「お土産」。

まとまったお休みになると、地元へ帰省したり旅行に出かけたりという方が出てきますよね。我が家は年に1回、夏に旅行に行くスタイルなので、旅先でご当地のおいしそうなお菓子を選びます。小分けされていて数が多く、包装からも旅の香りや思い出が伝わるようなものがベストです。

お土産のよいところは、それがきっかけで会話が生まれること。

「実家ではゆっくりできましたか？」

「私も姫路城へ一度は行ってみたいんですよね！」

「群馬の温泉いいですね〜」

などと、お土産はちょっとした会話を自然に生んでくれます。職員室のコミュニケーションのよい潤滑油となるわけです。

このようにお土産を買っていく私ですが、同僚が届けてくれるお土産（お菓子）に弱いんです（笑）

ふだん、目にしないものだけにテンションも上がりますし、甘いものを食べるとストレートに（単純に？）「よし、もう少しがんばろう！」と思えます。

すべての方にはあてはまらないとは思いますが、

「お土産は、職員室の笑顔の一歩」

となるような気がするのです。

日頃の感謝の気持ちも込めて、どこかへ出かけたら手軽なお土産を！

みなさんの職員室が、より明るい雰囲気になりますよ。

55 代打のときは、メッセージ

出張のため、同僚に代わりにクラスに入ってもらう。

我が子が熱を出してしまい、同僚に代わりに入ってもらう。

もちろん、私が同様の理由で他クラスに入ることもありますが、このような「代打」の場面というのは、少なくないですよね。迷惑をかけないように事前に準備をしていくものの、「静かに取り組めるかな？」「いざこざは起きないだろうか？」と、一抹の不安が頭をよぎるものです。

やはり、学級担任がいるのといないのでは違いますから。

そんな不安を突破したり、互いの信頼感を厚くしたりするようなコミュニケーションがあったんです。

突破！ こうやって考える

「〇年A組の子たち、みんな集中してがんばっていました。『おねがいします』『ありがとう』が言える素敵な子たちですね」

「〇年2組のみんな、集中してテストしていましたよ〜！」

お休みをもらった翌日に出勤すると、机の上に置いてあったのが、このようなメッセージ。それを見て「みんながんばってできていたようで一安心」「礼儀正しい言葉遣いができていてうれしいな〜」と安堵と感謝の思いを持ったんですよね。

教室でみんなに「〇〇〇〇先生に聞いたよ。ちゃんとできて偉い！」と伝えると、「すごいでしょ〜！」と自慢げな表情を浮かべる子どもたち。

いつも一緒にいる学級担任から褒められるのもうれしいけれど、学級担任以外の先生から、自分たちのがんばりや成長を認めてもらえるというのも、新しい世界が開けるようでうれしいんですよね。

他クラスに入る「代打」が回ってきたら……。

たった1時間だけかもしれませんが、そのクラスのよさや成長を見取り、子どもたちや学級担任に伝えていくといいですよね。もし丸つけができそうなものがあれば済ませておき、もどってきたときの仕事を少しでも減らしておくとベストです。

「代打のときは、メッセージ」

うれしいものです！

代わりに教室に入る教師のたしなみとして、心に留めておくといいですね。

代打の先生のハートフルな一言に、子どもも教師も信頼を厚くしますから。

56 「伝わる」回覧で、情報の共有を図る

情報の伝達や共有をする場はたくさんあります。

職員会議や日々の朝（または夕方）の打ち合わせ、教室に行くまで歩きながら話すという場もそうですよね。

またその手段も、フェース・ツー・フェースのやり取りだけではなく、公務支援システムを活用したコミュニケーションメールや職員室の共有ホワイトボード（黒板）など数多くあります。担当する公務分掌や学年によっては、日常的に調整や確認が必要となる年もありますよね。そのようなとき、私のなかで大活躍するものがあるのです。

突破！こうやって考える

みなさんの学校で活用しているかどうかはわかりませんが、私が情報の伝達や共有をするのに大活躍させているものが「回覧」です（アナログですが……）。

いわゆるバインダーに、見てもらいたい書類を挟み、職員室のなかで回していくわけです（全体で回すこともあれば、島ごとや部ごとに回すこともあります）。私自身が聴覚だけでは頭に

残りにくく、一度きりの情報の共有では忘れてしまいがちなタイプ……。視覚で、手元で、複数回、必要な情報を目に入れたいんですね。

ひょっとしたら私のようなタイプの方もいるかもしれないと思い、けっこう回覧を活用しています。

「情報」という字は「情」と「報」で成り立っていますよね。情けに報いると書きますから、相手視点に立ってわかりやすく伝えようとする気持ちが大切になってきます。

そこで、私が意識していること。

それは、パソコンで打たれた機械的な書類だけで回さないこと。

私の感覚では、それだけではちょっときれいすぎて、みなさんの机の上を素通りしてもどってくるようなイメージがあるのです。

回覧のいちばんの肝は、目に留まること。未読者なし、既読者全員という状態をつくり、情報が確実に共有されることが重要です。

そのために、手書きで「回覧」と大きく書き、たとえば「ここに注目！」などと書いたり、マーカーでアンダーラインを引いたり、メッセージを書いた付箋を貼ったりして、「見てほしい！」という感情を回覧に乗せて回すのです。

この30秒くらいのひと手間によって、「伝える」から「伝わる」回覧になり、情報の伝達や共有がより確実になりますよ。

57

若手の先生は、ダイヤモンドの原石

現在の教員の年齢構成は40代が少なく、その前後が多い「ふたこぶラクダ型」になっているといわれます。職員室の印象度でいくと、年々、若手の先生方が増えているような印象を受けます。

これからの学校を動かしていくのは、まさしくその若さの「パワー」だといってもよいでしょう。私自身にとっても、（着実に）自分の年齢が上がってきて、これだけ若い先生方が多いというのは初めての環境です。

どのようなまなざしを注ぎ、その「パワー」を活かしていけばよいのでしょうか。

突破！ こうやって考える

一つめに思うのは、今の若手の先生方には「力」があるということです。

自分自身のその年齢のときと比べてみてください。少なくとも、若かりし私よりは、はるかにしっかりしている方が多くいます。

「最近の若い者は……」

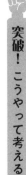

年齢が上になってくると、つい先輩風を吹かせたり、未熟さやいたらなさに目がいきがちになったりすることがありますよね（私にも経験があります）。

でも、そうじゃない。

年齢が若く、経験が浅いというだけで、若手の先生方の「力」を低くみてはいけないと思っています。

二つめは「5年後」をイメージした姿です。

間違いなく、欠かせない「戦力」となっていることでしょう。

その頃には、こだわりやプライドの芽も出ながら、一定の経験と自信を持って歩んでいるはずです。なかには、学校の中心的存在として動く先生も出ていることでしょう。

「今は、ダイヤモンドの原石」

その原石を、磨いて磨いて、また磨いて……！

5年後に光るようなイメージを持って、あたたかく広い見地で見守り育てていくのがよいのではないでしょうか。

学校の宝である若手の先生方の「力」を信じ、光り輝くであろう「5年後」を見据えて、経験を継承して育てていく。

このようなまなざしが、若さの「パワー」を活かすことになり、学校全体を活性化させる一つの突破口になると感じています。

58 「異距離」から「等距離」のコミュニケーションへ

20代や30代のときはまったく感じなかったのですが、40代前半になった頃に考え始めたことがあります。40代前半といえば、年齢的にちょうど真ん中あたり。職場を眺めれば、歳下の方もたくさんいるし、歳上の方もたくさんいるという職場環境です。

それまでは、ざっくりと言えば、歳下の方や同世代の方にはラフな感じで話しかけたり、気の合う方とたくさんコミュニケーションをとったりというような、仲のよさや親しさが、わかりやすく距離感に出ていたんですね。それはそれで、相手との距離が縮まったり、仲のよいグループメンバーができたりとよい面もたくさんありました。

ですが、年齢を重ねるとともに、自分自身が無理をしているような、フィットしていないような感覚を覚えてきたのです。しばらくこの違和感を寝かせておいたのですが、なかなか消えることがありませんでした。

しかし、勤めている職場で、急にコミュニケーションスタイルを変えるのもおかしいですよね（周囲がビックリしてしまいます）。

ですから異動を待って、自分にとっていちばん過ごしやすいスタイルを探して舵を切ることにしたのです。

突破！　こうやって考える

「異距離」から「等距離」へ。

管理職の方々、ベテランの先生方、若手の先生方、教育実習の先生方、どの先生方にも同じように（できるだけ）対等に接するようにしたのです。

それぞれに役職や立場、年齢は異なりますが、そこに区別はありません。みなさんに敬語を使い、みなさんに同じようにていねいに接するように心がけていったのです。

「誰とでも、対等な関係性を結ぶこと」

これは、40代の私にはフィットしました。

舵を切り、自分が変わってよかったなと思いました。

なぜなら、以前よりも肩の力が抜けて、よりよい関係を築きながら仕事ができるようになりましたから。

ちょっと周囲との距離ができるようにも感じますが、今の私にとっては、このコミュニケーションスタイルがベスト！　この対等な関係性は、仕事や人間関係に心地よい風を吹かせてくれています。

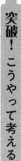

6章

働き方を突破！

59 ボトムアップで声を集め、改善につなげる

たしか30代後半のときのことだったと思います。

「よく働きかけて動いてくれましたね」

年度末に、このような労いの言葉をかけてもらったことがあるんです。教師の働き方をめぐる風が吹くなかで、その年は、自分なりにその風を追い風にしようとあることを試みていたのです。

それは何かというと……。

突破！ こうやって考える

私がしたことは、同僚のみなさんの思いを集めたこと。

ボトムアップ（Bottom up）の形で。

「三人寄れば文殊の知恵」といいますが、学校にはその何倍もの教職員がいますよね。たとえば15人が寄ったら、何の知恵になるのかはわかりませんが、これを生かさない手はないと思ったのです。

ちょっとした集まりのときに、私は少ない時間で端的にこう尋ねました。

「働き方で、改善してほしいことを一つだけ言ってください」

「一つ」というのがミソで、これを加えることで、自分のなかの働き方のこだわりからしぼり出されたリクエストが出てきやすくなるんですね。

参加者が15人いれば、15個の改善のリクエストが出されます。これを1枚の資料にまとめ、さまざまなところと調整をかけながら、一つひとつていねいに実行に移していったのです（もちろん、実現できないこともありましたが……）。

労いの言葉の裏にあったもの。

おそらくそれは、教職員一人ひとりの声を聴き、なかなか表立って出てこない声なき声を「見える化」し改善しようと努めたことだと感じました。

声なき声が、耳に届く声になっただけでも大きな一歩だったのです。

耳に届いた声が、改善された形になれば100点です。

トップダウンよりもボトムアップの形で、下から上へと声を上げる場（仕組み）が、学校現場には必要であり、またそれが合っているようにも思います。

学校の働き方改革の風は、ボトムアップの形で生み、それを追い風にしていくのがよいですね！

みなさんの「働き方で改善してほしいことの一つ」は何でしょうか？

60 ベイビーステップで小さな一歩を着実に

働き方を考える上で、特効薬的な効き目のあるものがあれば知りたいですよね。

たとえば、野球であればスリーランホームラン、バスケットボールであればスリーポイントシュートのような得点が一気に3点入るくらいのものがあればよいですが、なかなかむずかしいものです。

そこで、確実に1点や2点ずつ取っていくというイメージを持って、一緒に突破の道を試行錯誤してみましょう。

突破！ こうやって考える

スリーランホームランやスリーポイントシュートのように一気に3点を取るには、ちょっと思い切った「削減」や「仕組み」が必要になってくるような気がします。

しかし、野球ならば「1点」、バスケットボールならば「2点」というように、ベースとなる点数をベイビーステップ（Baby steps）で積み重ねていくという発想に立つとき、みんなが手を取り合って、基本的なことをやっていくということが気持ちのよい働き方改革につながっていくように思います。そこで、これまでの経験を踏まえながら、働き方改革につながる基本的なことについて考えてみることにしましょう。

たとえばいくつか紹介すると、

「定時退勤日は、みんなで帰る」

事前にわかっていることですから、一人ひとりがそれを見通して段取りを組めば実行できそうですよね。

「会議は事前に資料に目をとおして1時間以内に終わる」

資料に書いてあることについては最小限の説明に留め、必要な協議事項に時間を使うことで達成できそうです。

「放課後のスケジュールは変えない」

夕方以降の家庭での役割を分担している方もいますから、（できるだけ）スケジュールを変えないことが働きやすさにつながります。

「退勤時刻直前には、相談は持ちかけない」

ちょっとした気遣いで、気持ちよくその日の仕事を終えることができますね。

ベイビーステップで、小さな一歩を着実にみんなで積み重ねていく。

それぞれの学校に応じた身の丈に合った一歩の積み重ねが、働きやすさへの小さくも大きな突破口になるのだと感じます。

61 「ココカラ」意識で、働き方の風を強くする

ボトムアップで、働き方への声やリクエストを集めていく。

ベイビーステップで、着実に一歩ずつ進んでいく。

このようなことを書きましたが、自分自身の足元を眺めたときに、もっと大切なことがあるようにも思いませんか？

自分自身の働き方を考える上で、忘れてはいけないピースを……。

突破！ こうやって考える

よく思うのは「ココカラ」です。

カタカナ表記にしたのは、「個々から」と「此処から」の二つの意味を込めているからなんです。

こんなことを言うと身も蓋もないのかもしれませんが、個々にベクトルを向けること、つまり一人ひとりがどれだけ意識を高く持つことができるのかということも重要なことだと思います。

気づきやすい外側の理由に目を向けて改善していく一方で、個々の意識もそれとセットでないとうまく機能しないと思うんですよね。

働き方の風が、自分の職場では吹いているけれど、自分自身のなかでは「無風」または「微風」だったとしたら……。

進むものも、進みませんよね。

働き方への意識は、繁忙期や仕事のリズムに合わせながら「弱風」から「強風」の間で調整していくイメージを持つとよいように思います。

そして、二つめの「此処から」とは、今、自分たちがいる場所です。

「今日からみんなで決めたことを実行していきましょう」

「この職員室から風を吹かせていきましょう」

このような空気は大切ですよね。忙しい日々のなかでも、組織として前向きなアクションを起こしていくことは、（試行錯誤する）個々の背中を前向きに押していくことにつながると思うのです。

基本的なことをていねいにしていくことは大事だし、グッドアイデアがあれば積極的に取り入れていくことはとても大切でしょう。

そこにこの「ココカラ」の視点も入れてみてください。

みなさんの働き方改革へのベクトルが、よりよい方向に進むのではないでしょうか。

62 必要な放課後のまとまった時間

一日の授業が終わり、教室の整理整頓や丸つけなどをして職員室にもどると、けっこういい時間になっていますよね。6限授業の日であったり、打ち合わせが入っていたりすると、自由に使える放課後の時間は限られてしまいます。

学級担任をしている私にとっては、この放課後の時間があるのかないのかは、ほんとうに大きいものです。

みなさんは、どうでしょうか？

突破！　こうやって考える

放課後時間に「余白」をつくる。

その「余白」が「余裕」につながっていく。

このようなことが言えますよね。では、どうしたら「余白」ができるのでしょうか。

私はみんなで知恵を絞って、5限目で終わる日に打ち合わせや会議を入れない「放課後フリーデー」というようなものが、1週間のなかにサイクルとして位置づくといいなと思っています。以前勤めた学校で試しに少し実践したことがあるのですが、それは教職員の「余裕」や「学び」につながりました。

週に一度、まとまった時間が保障されることで時間のかかる仕事にじっくりと向き合うことができるんですね。また、日々の溜まった仕事を、その日でリカバリーすることもできます。もちろん教材研究の時間にあてる方もいました。

そう「放課後フリーデー」を起点にして、仕事のリズムが生まれ、働き方に好循環がもたらされるのです。

「まとまった放課後の時間が必要」

忙しいなかでも、共通認識として、この視点は抜け落ちないようにしたいのです。

そしてその時間は「誰かがつくってくれるもの」ではなく「自分たちでつくっていく」というパラダイム（考え方）が、突破の鍵になってきます。

「この日の打ち合わせは、他の空いている日にできないのかな」

「時間を短縮するにはどうすればよいのかな」

まとまった時間はなかなか偶然にはやってきませんから、一人ひとりが頭のなかに「ほんとうにマスト？」「方法はベスト？」という意識を常に持っておくこと。

それが「まとまった放課後の時間が必要」という意識の高まりとなり、一人ひとりの「余裕」へとつながっていくように感じます。

63 とりあえず手をつけてみよう

まわりを見渡すと「仕事のはやい人」がいますよね。

私もこれまで「はやいな〜！」と思う同僚に何人も出会ってきました。その理由を探ると、いろいろあると思うんですね。

たとえば、決められた日より締め切りを前に設定して取り組んでいたり、仕事の優先順位をつけてやっていたりと、さまざまな工夫をしているわけです。

ここでは「仕事のはやい人」に近づくための突破口として、私がいちばん意識していることを紹介します。

突破！ こうやって考える

一言でいえば「着手力」に尽きます。

「とりあえず手をつける」がモットーです(笑)

やらなければならないこの仕事やあの仕事などを眺めたときに、少ない時間でできそうなこともあれば、腰を据えてやる時間が必要なこともあります。また、自分にとって相性のよい仕事もあれば、そうではない仕事もあります。

もちろん、締め切りのはやいものもあれば、急がなくてもよいものまであります。

いろいろありますが、とりあえず広げた風呂敷に仕事を並べていき、一枚かんでおくようにするのです。

入力を指定されたフォルダの場所を確認するだけでもよいです。

クリアファイルに書類を入れ、未処理であることを可視化させるだけでも十分です。

3ページあるうちの1ページだけ終わらせておくのもよいでしょう。

学期末にバタバタと慌ててしまいがちな所見入力も、いちばん最初にスタートを切り、あとはコツコツとやっていくようにします。

私の場合は、このように一枚かんでおくことによって、頭にひっかかる状態をつくっているのです。

目の前のさまざまな仕事を「0」の状態から「1」または「2」の状態にしておく。

そうすることで、はやめにその仕事の主導権をにぎり、さまざまな仕事を背負いやすくしておくのがポイントです。

とりあえず、手をつけてみましょう！

着手の一手を、なにより大切にするのです。

スタートを切ったら、もう半分まで行ったようなものですよ。

64 積極的に自分自身を休めよう

論語において、曾子が「任重くして道遠し」と述べています。

年齢が積み重なると、責任ある仕事が少しずつ増えるようになってきますよね（体力とは反比例して……）。

「体力的にキツイなぁ」

「余裕がほしいなぁ」

こう感じたら、思い切って自分自身にやさしくしてみるというのも一つの手です。

突破！ こうやって考える

私は自分自身をよい状態に保つために、積極的に心がけていることが二つあります。

それは何かというと、「積極的年休」と「積極的休憩」。

あえてネーミングに「積極的」とつけているのは、意識しないと「消極的」になってしまうから（笑）

「積極的年休」というのは、「1時間の年休取得」のこと。

会議のない放課後やちょっと疲れが溜まってきたかなと感じたときに、はやめに帰るようにしているのです（やり残した仕事は気になりますが……）。

たかが1時間ですが、されど1時間。

はやく保育園に迎えに行き子どもと過ごせる1時間や自分のやりたいことができる1時間というのは、明日へつながる価値あるリフレッシュ時間になります。

また、「積極的休憩」というのは、意識的に休憩時間を取ること。

大学を卒業して勤めた企業では、決められた休憩時間にちゃんと休んでいたのですが、ふと学校で働き始めてからは、その意識が薄らいでいることに気がついたのです。

さまざまな理由で休憩時間が取れなかったり、少し短くなったりすることもありますが、学校の労働基準法上の休憩時間である45分間、できるだけ一人でリラックスすると、こころが晴れて満たされていきます（オススメですよ）。

リフレッシュするための1時間「積極的年休」。

リラックスするための45分間「積極的休憩」。

慌ただしく過ごしていると、ついどちらも脇に置いてしまいがちなものです。

からだの声を聴き、自分自身を休めてあげること。

このようなことが、自分自身をよりよい状態に保つために大切なものを与えてくれるように感じます。

65

朝は効率のよい時間を届けてくれる魔法の時間

できるだけ仕事に追われず追えるようにするために。

幾分のゆとりを持って、一日のスタートが切れるように。

生活スタイルは人それぞれですのでオススメできるかどうかはわかりませんが、私は働き方にかかわって大切にしている時間があります。

それは……。

突破！こうやって考える

朝の時間帯です。

人がまだまばらな朝の職員室、気に入っているんです（笑）。コピー機が混み合うことはありませんし、電話が鳴ることもない。使いたいと思ったものは、順番を待つことなくすぐに使用できます。

私にとって、朝は、効率のよい時間を届けてくれる魔法の時間なんですね。

西洋には「朝のわずかな時間は、午後の数万時間に匹敵する」という格言があるようですが、ほんとうにその通り！

朝1時間はやく行くだけで、仕事を追う感覚までは持てなくても、追われる感覚は弱くすることができます。

また、十分な睡眠をとった後ですから、頭がクリアなことも魅力的です。

前日の夕方にはぜんぜん進まなかった仕事もはかどります。クリアになった頭と同様に体力も回復していますから、足どりも軽く動くことができるんですね。

一方、夕方はというと……。

私の場合は、頭もからだもクタクタです。

ですから、机上のモノを片づけたり、次の日の朝に使いたいモノを準備したり、同僚とコミュニケーションを図ったりすることに時間を使います（じっくりと考える仕事や不得手な仕事はできません……）。

みなさんの生活スタイルに合うかどうかはわかりませんが、働き方の一つの解として、「朝」の時間はオススメですよ。

さぁ、いつもよりちょっとはやく、仕事を始めてみませんか？

そして、いつもよりちょっとはやく帰りませんか？

66 タイムプレッシャーをかける

「明日の社会の授業準備が、ちょっと間に合っていないなぁ」

「もっといろいろと準備したいけれど、時間が足りないなぁ」

忙しいとき、こんな気持ちになることがありますよね。

時間に追われ、時間が足りないのは、教師の常かもしれません。そんなとき、だまされたと思って試してほしい突破法があります。それは……。

突破！ こうやって考える

時間がないときの突破法。

それは「15分間」または「30分間」教材研究（状況に応じて）。

この教材研究の時間に「タイムプレッシャー」を加えるのです。

「15分間や30分間では足りないよ」という声が聞こえてきそうですが、とにかく時計に目をやりながら、1教科＝15分間、1教科＝30分間などと決めて、45分間の授業デザインのイメージをつくっていきます。

この授業の「本質は何か」「子どもに身につけさせたい力は何か」という2点を軸に教科書をめくっていき、木でいう「根」や「幹」が定まったら、「枝葉」の部分は授業のなかで子どもたちと一緒につくっていくイメージで進めていきます。

実は、会社勤めをしていた20代の頃や教師として歩み出した30代前半は、すべての時間は自分のもので、無尽蔵に時間はあるものというような感覚を持っていた私。

いつまでも時間があると思っているから、つい際限なく夜遅くまでやっていた時期もあったんです。

しかし、結婚して子どもが生まれ、ライフスタイルが変化すると、時間に対する視点は180度変わりました。

「我が子と一緒に過ごす時間をできるだけ大切にしたい」

「保育園の迎えがあるから17時には退勤しなきゃ」

歳月とともに変化した自分の立ち位置によって、時間へのアンテナを高く持つようになった結果、直線的に核となる部分へ目がいくようになり、逆に授業がしやすくなったのです。

つまり「タイムプレッシャー」が、パフォーマンスによい影響をもたらしているといってもよいでしょう。もちろん、時間があるときには、じっくりと向き合うことが有意義であることはいうまでもありませんが、一度思い切って「タイムプレッシャー」をかけてみるのもよいかもしれませんよ。

67 電気を消して定時に帰ろう

学校によって日数の差があるとは思いますが「定時退勤日」を設定しているところが多いのではないでしょうか。いわゆる「ノー残業デー」です。

仮に17時30分を、定時退勤日の退勤時刻としている場合。

その日の職員室に聞こえてくるのは「そろそろみんな帰りましょう〜！」「今日は定時退勤日ですよ〜！」などというアナウンスでしょうか。それとも家路へと誘う「蛍の光」でしょうか。

それとも……？

私のごく限られた経験ですが、いちばん効果があり、突破感があったのはコレです。

突破！　こうやって考える

退勤時刻になったら、

「電気を消す」

突破感があったのは、コレでした。

私自身、電気を消すのにはちょっとした勇気と思い切りが必要でしたが、「今日の仕事はここまで！」と、その役割を担っている人が、思い切って線引きすることは必要だと思ったのです。そうでないと、周囲の様子をうかがってなかなか帰らない（帰れない）という感じもありますから。

そのときの様子を思い返すと、私が職員室の電気の壁スイッチを一つ、また一つと消していったとき、職員室に笑いが広がったんですね。「あ〜、時間切れだ〜（笑）」みたいな雰囲気です。

このような納豆みたいなつながり、ヒューマンチェーンとして手と手を取り合っているような関係の質が職員室にあるときは「電気を消す」という方法はありだと思います。

一方で、表面的な関係でつながっている職員室の場合は、何か違う方法を探したほうがよいかもしれません（笑）

理想の働き方は、それぞれに違います。

その差異については、互いに認め合うことが大切です。

この前提に立ちながら、月に数回の定時退勤日を「なあなあにしない」ということは、教職員みんなで共有して実行に移したいものです。学校の文化として定着すれば、働き方改革の好循環の始まりです。

さぁ、（ときには）電気を消して、帰りましょう！

7章

教育を突破！

68 自分はこれでいい！という自己肯定感を持つために

「自己肯定感」、教育現場ではよく耳にする言葉です。

さまざまな定義がありますが、字のごとく、ありのままの自分を受け入れていくことですよね。

よいところも、そうではないところもまるごとひっくるめて。

諸外国と比べると、日本の子どもたちの自己肯定感は低いといわれますね。

みなさんの教室の子どもたちはどうでしょうか。

そして、この本を読んでくださっているあなたの自己肯定感はどうでしょうか。

正直、詳述する力はありませんが、私自身の体験などをもとに、突破の道を考えてみたいと思います。

突破！こうやって考える

繰り返しになりますが、幼い頃から持つ「吃音」で考えてみたいと思います。

今では「言いにくい言葉」を回避するクセが染みついていて、吃音が目立つことは多くありませんが、それでも私のなかには今でも確実に「言いにくい言葉」は存在しています。

振り返ること20年以上前は、さまざまな言葉がなかなか出ませんでした。

もがいていた私に、今でもとても仲良くさせてもらっている大学時代の先輩が、次のようなことを言ってくれました。それは、私が教育雑誌に寄稿したなかで綴った「お前の話し方は確かに詰まることが多いけど、誠実な感じがして俺は好きだし、ゆっくりな分聞きやすいぞ」（『教職研修』２０１３年10月号、教育開発研究所）というものです。

この先輩からの言葉は、私の転機となりました。

それまでは、半ばあきらめの「自分はこれでいい（……）」だった私。

しかし、吃音の自分も悪くないという肯定的かつ希望的な「自分はこれでいい（！）」という気持ちを感じとることができたのです。


「……」から「！」へ。

つまり、「あきらめ」から「希望」へ。


そう、自己肯定感を持つことができたのです。先輩から、吃音のことを肯定的なまなざしで意味づけされたことによって、目の前の霧が晴れ日差しが入ってきたんですね。

「角度を変えれば、光があたる」

自己肯定感を考えるとき、私はいつもこの自分自身の経験が思い出されます。

そしてもう一つ、自己肯定感にかかわる視点は、家の手伝いです。

ほんとうに便利になった世の中ですから、子どもが何かを手伝うような余地はあまりないのかもしれません。

しかしながら、家庭は社会の縮図です。

「食卓に箸を並べる」

「お風呂を洗う」

「ゴミ袋を収集日に出しに行く」

どんなことでもいいですから、家庭に子どもの手伝いが位置づいていくといいなと思います。

それによって、「ありがとう」と感謝されたり、「上手になったね」と褒められたりするわけですから。感謝されることや褒められることは、成長への種であり、間違いなく自己肯定感を育むことにつながっていくでしょう。

手伝いといえば、夏休みや冬休みの課題の一つとして、子どもが取り組むイメージがあります。

しかしそうではなく、手伝いが子どもたちの「日常」となり、そのなかであたたかなコミュニケーションが交わされていくことが突破の糸口となるように思います。

69

失敗をおそれずに挑戦する子どもたちを育む

『失敗学のすすめ』（2005、講談社文庫）の畑村洋太郎さんは、「人間の成長は、失敗なしに語ることはできません。成長の陰には必ず小さな失敗経験があり、これを繰り返しながらひとつひとつの経験を知識として自分のものにしていきます。さらに小さな失敗から得た知識が次の大きな失敗を起こさないための軌道修正の働きをし、さらには次の成功へと転化していきます」と書きました。

昔から伝えられているように「失敗は成功の母」なんですよね。

子どもたちにも、失敗することに対してビクビクせずに、挑戦するこころを持ってほしいと願います。うまくいってもうまくいかなくても、自分のなかに新しい世界が広がることは間違いないですから。

ですが、「正しいこと」が真ん中に据えられやすいのが学校という場所です。「失敗できる」という特権が、ちゃんと子どもたちに与えられているでしょうか。

そして、失敗したときの声かけは「やってみてよかった！」と思えるようなものになっているでしょうか。

失敗をおそれずに挑戦する子どもたちにするための突破口を探ります。

突破！こうやって考える

「やってみよう！作戦会議」をして、ラフな挑戦から始めたいですね。たとえば、学級のみんなで、今までにやったことのないクラスあそびをする。児童会活動で、これまでとは違ったあいさつ運動の取り組みをする。子どものアイデアから生まれた挑戦は、たとえそれがラフなものであったとしても、自分ごとになりますから真剣味が違います。

そして、なにより大事になってくるのが、それにエールを送る雰囲気。

以前、一緒に外国語の授業を担当したネイティブの先生は、手を挙げた子どもの発言が間違ったとき、かならず「ナイストライ！」と声をかけていました。（1週間ほどの短い期間でしたが）ダンスを学びたくて行ったアメリカでも、ヒップホップの先生が同じように、苦戦しながらがんばる私に「ナイストライ！」と声をかけてくれました。

「ナイストライ！」には、〝失敗っていいもんなんだよ〟というメッセージを感じますよね。先述の畑村洋太郎さんが「よい失敗」「悪い失敗」という言葉を用いているのですが、私なりの解釈をして、自分自身が成長しようと思って試みた「よい失敗」には「ナイストライ！」が似合います。そしてそれが、失敗をおそれずに挑戦する子どもたちを育むように思うのです。「失敗は宝物」。このような考え方をみんなで共有していくことが突破になりますね。

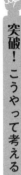

70 大切なのは「場」と「空間」のひと工夫

教室での授業空間をイメージしてみてください。

会議での空間を思い浮かべてみてください。

研修を受けるときの空間は、どのような形が多いでしょうか。

私たちは日常、さまざまな「場」や「空間」をつくったり、そこに身を置いたりしていますが、もっと成果があがる「場」や「空間」はなかったのかと考えたり、振り返ったりすることは意外と少ないように思います。

そこで、授業や会議、研修における活性度やライブ感を上げるためのひと工夫をここで探ってみることにしましょう。

突破！ こうやって考える

中野民夫さんは、空間の物理的デザインについて、次のように書きました。

「その部屋に自分たちを合わせることに慣れてしまっていて、自分たちの創り出したい場のニーズに部屋を合わせることを忘れている」（『学び合う場のつくり方―本当の学びへのファシリテーション』2017、岩波書店)。

これは、私たち教師が大切にすべき視点を与えてくれているように感じます。子どもの学びを生むためにどのように机を配置したらよいのか、情報共有しやすいように会議はどこの部屋で行ったらよいのかという前向きな「手探り感」が大切になってくるんですよね。

たとえば、学級で一つのことを決めるときに、教室を目いっぱい使い、円の形になって話し合っているクラスを見たことがあります。一体感を生み出すためですよね。また、私は研修を担当するときは、(机を移動するのに手間はかかりますが)ロの字型にすることが多いです。目と目が合わせやすいというのは研修の質にかかわってきますから。

授業では、四人グループで学び合うような光景をよく見かけますよね。一人だと「下」を向いてしまう子も、机をくっつけて座れば、「前」に座る子と話せるし「斜め」も向くことができます。たったそれだけで、コミュニケーションが豊かになるわけです。

授業も会議も、すべて「人」が集まる場です。「人」という字は支え合ってできていますから、目的に合わせて、支え合えるような「場」や「空間」が必要ですね。

易きに流れず、「場」や「空間」を考え変えていくことによって、さらに活性度やライブ感が高まっていくことでしょう。

71 よい写真が、よい姿をリードする

高学年の子どもたちが、運動場で1年生と大縄をしてあそんだり、やさしく掃除の仕方を教えてあげたりする姿は素敵ですよね。また、登校時に、手を振りながら大きな声であいさつをする姿もとても気持ちがよいものです。

教室でも、友だちの声に耳を傾けて真剣に聴く姿や、グループで共感的にかかわり合う姿は、学びのモデルとして価値あるものです。

これらの姿を教室に広めたい。

学校全体に広く展開していきたい。

こういうとき、みなさんならどのようなアプローチをするでしょうか？

突破！こうやって考える

私がいいなと思っているのは「写真」です。

高学年と1年生の大縄や登校時のあいさつのシーンなど、ぬくもりやあたたかさが感じられる1シーンを写真に撮って掲示をするのです。みんなが前を向いて撮る集合写真や行

事の写真というよりも、日常のなかに散りばめられている「ぬくもり」の一枚、「あたたかさ」を感じる一枚を大事にするのです。

一枚の写真は、ときに言葉よりも雄弁です。

それは自分の学年を超えて、同じ学校で過ごす仲間のよい姿を知るきっかけとなります。「人の振り見て我が振り直せ」ではありませんが、写真から投げかけられるメッセージを見て自分の行動を振り返ることができます。

そして、高め合っていくことができるのです。

これはなにも学級単位だけではなく、学年単位でも、全校単位でも取り組むことができるものです。

今は教師一人ひとりがタブレットなどを持っていますから、写真を撮ることは比較的かんたんにできるのではないでしょうか。また、写真を撮ることを通して、教師の見る目が養われたり、これまで見えにくかったつながりを発見したりという副次的な効果もあるかもしれません。

学校にいるたくさんの子どもたちを「よい姿の写真」でリードしていく。

その写真によって「めざす方向」や「ベクトル」を揃えていく。

写真を「学校の空気」をつくるギミック（仕掛け）とする。

このような試みが、よい姿を広めていく突破のアプローチとなりますよ。

72 一点突破・全面展開で力量を高める

学級担任が担当する教科が多岐にわたるのが小学校の特徴です。「国語」「算数」「社会」「体育」……、たくさんの教科を担当するというのは、ほんとうに至難の業に近いといってもよいでしょう。

このように多くの教科を受け持つ私たちは、どのように自分の力量を高めていったらよいのでしょうか。校内で決められた研修教科を軸に進めていけばよいのでしょうか。それとも、すべて満遍なく注力したほうがよいのでしょうか。

ここでは、力量の高め方にスポットをあて、考えてみることにしましょう！

突破！ こうやって考える

オススメな突破の考え方は、孫子の兵法である「一点突破・全面展開」です。すべての教科を自分のモノにしようと欲張るのではなく、まず得意な教科を一つ挙げ、その教科を中心に教材研究をしたり授業実践をしたりしていくのです。

私の場合は「体育」でした。

「体育」の授業に力を注ぎ、そこで得たものを他の教科につなげていったんですね。

スポーツで考えてみましょう。

たとえば、バスケットボール選手なら「○○といえばこの選手！」という看板を持つイメージです。「スリーポイントシュートといえば○○選手！」「○○選手といえば、ダンクシュート！」というような具合です。野球なら「あの選手の盗塁は、ほんとうにすごい」、サッカーなら「フリーキックなら、あの選手の右に出る人はいない」というようなイメージです。

「私は社会をがんばります」

「私は図工を極められるように努力します」

このように、それぞれが自分のなかに教科の主役を持ち「旗」を揚げるのです。一点突破したものは一生モノの力となり、そこから他教科へと広がり、全体的な力量の向上につながっていくでしょう。

また、それぞれの教師に、さまざまな旗が揚がっていることにより、互いに訊きやすい環境が生まれていくという利点もあります。「○○先生、社会のこの単元の資料、何か持っていないですか？」「○○先生、体育のリレーはどうやって授業をするのがいいですか？」などと、相互交流が盛んになるのです。つまり、教科の「違い」が武器になるわけです。

「あの先生といえば！」

そんなふうに言われるように、一点突破で極めてみませんか？

73 フィールドでの学びも、研修の一つ

大村はまさんは、次のように説きました。

「年とってくれれば、自分で自分を研修するのが一人前の教師です」（『教えるということ』1996、ちくま学芸文庫）。

初任時からしばらくは「〇年目研修」というものがあります。

しかし、一定の経験年数が積み重なっていくと、そのような決められた研修はなくなります。それはもちろん、研修をしなくてもよいという意味ではなく、自分で自分を研修する立場になったということを意味するんですよね。

さて、大手を振って「研修」とはいえませんが、それこそ、やや歳をとってから始めた学びがあります。「研修」＋「あそび」のようなときもありますが……。

突破！ こうやって考える

たとえば、

山口県にある「金子みすゞ記念館」。

愛知県にある「新美南吉記念館」。

広島県にある「原爆ドーム」。

一人で行くこともあれば、家族旅行を兼ねて行くこともありますが、教科書に登場するような場所に足を運び、その世界を肌で感じに行くようになったのです。

一人の教師という立場で見るのも学びになります。

また、教師という立場を離れて、一人の人間として作品に向き合ったり、歴史に向き合ったりするのも、また違った学びになります。

さて、足を運び、授業をしてみて思うこと。

やはり、自分自身の言葉が違ってくるんですよね。

出かけた先々には、教科書には載っていない表情や歴史が詰まっていて、そこで経験したものは、かならず授業に生きるのです。そして、その言葉からにじみ出るものに対して、子どもの顔は上がるものです。

自分で自分を研修していく。

今の私にとって、いちばん身近でよく実践していることといえば書を読むことです。

それに加えて、一歩外のフィールドに出て学びを深めていくというのも、研修の一つとしてオススメです。

74 研修は登山のように一歩一歩

校内研修は、どのようなスタイルでしょうか。

私の頭のなかにも研修のイメージがあるのですが、複数の小学校を勤務しただけのごく限られたイメージですので、全国津々浦々を見渡せば、さまざまなスタイルがあることでしょう。

もし今、みなさんが校内研修に深くかかわっている立場なら、よりよい授業をめざして、どのようなスタイルで、いかにチームワーキングを生み出していくのか、日々、考え続けていることでしょうね。

私自身、校内研修を力強くリードできたことがないため、偉そうなことは言えないのですが、これまでを振り返りながら、熱量のある研修スタイルのヒントを探ってみたいと思います。

突破！ こうやって考える

私の研修の原点、それは初任校にあります。

当時では珍しかったように思うのですが、全教職員それぞれがトライする教科を決め、授業を公開し、大学の先生方から専門的な知見をいただきながら学びを深めていくというスタイルでした。

たとえるなら、「登山」のイメージです。

富士山には一つの頂と、四つの登山ルートがありますよね。私の自宅の近くにある低山には、一つの頂と八つの登山ルートがあります（どちらの山も、登山ルートは友人と天候や体力を考えながら相談して登頂しました）。

校内研修も「登山」と同じ。

まず登る山を決めて、その頂をめざしていきます。委ねてもよいのは、どのルートで登るのかということ。「〇〇はかならずしましょう」「黒板に〇〇は貼りましょう」などと、あまり制約が多すぎると気持ちを下げてしまいます。また一方で、自由度が高すぎると、個人プレーに走ってしまい、チームワーキングにつながりません。

でも、教科やスタイルについて、ある程度の選択権利が与えられれば、そこに主体性と責任感が生まれます。めざすゴールがはっきりと共有されていれば、大きく道を踏み外すことはないでしょう。

教師一人ひとりの「個」が埋もれない。それぞれの「粒」が生き生きと躍動するためにエールを送るような研修をめざしたいものですね。

75 すべては十分な睡眠から

子どもたちの生活習慣を心配している先生方は多いのではないでしょうか。また、我が子の生活習慣を心配している保護者の方々も多いように思います。心身ともに健やかに成長する未来を展望するとき、望ましい生活習慣について足元から考えたい時代ですよね。

たとえば、いくつか気になることを挙げてみると、

「スクリーンタイム」の長さ。時代の風を受けていますね。

「運動不足」。コロナ禍で拍車がかかりました。

「睡眠時間」。世界を見渡しても日本は短いですね。

さまざまな生活習慣がタッグを組み、望ましくないスパイラルをつくりやすい現代だからこそ、このことをていねいに考え突破していきたいものです。

突破！ こうやって考える

寝るのがはやい私。

19時半頃に寝室に向かうこともあります。遅くても、20時半前には夢のなかです（いっ

も、絵本を読んでお話をしてから寝るのがルーティンです）。

若い頃は「夜型」だった私。

でも、子どもが生まれてから一緒に寝るようになり、自然と「朝型」にシフトチェンジしていきました。10年間もはやく寝ることを積み重ねていくと、ちゃんと20時に眠くなるからだになっていきます。

20時就寝という生活習慣病にかかっているようなものです（笑）

実感として、強く感じること。

それは、「早寝」と「十分な睡眠時間」によって、からだが整い喜ぶということ。

魔法の杖はありませんが、私は「睡眠」のあり方を変えていくことが、負の生活習慣を突破するいちばんの打開策になるのではないかと思っています。

それぞれの家庭環境とかかわりの深いことについて踏み込むのはむずかしいものです。しかし私たち教師は、授業を通して伝えることができます。懇談会や保護者の方々を交えた定期的な集まりのときに啓発することもできます。毎学期、規則正しい生活習慣を促す健康カードを実施している学校も多いことでしょう。

つい削りがちになる「睡眠時間」。

つい疎かにしがちな「からだを休める」ということ。

学習も運動もあそびも、大活躍するための始まりは「十分な睡眠」からです。

76 多様な動きで、子どものからだを育てよう

子どものからだを育てる教科として「体育」があります。「体」と「育」の2文字で成り立っていますよね。つまり、字から考えると体育のゴールというのは、からだを育てるということになります。


さて、今の子どもたちのからだは健やかに育っているでしょうか？

長く小学校現場にいる教師の一人として思うことは、からだを育てるということが、今まさに問われている、問わなければならないように感じるのです。

突破！こうやって考える

先日、近くのスーパーに買い物に行ったとき、従業員の服装や髪型の約束を緩和するというお知らせのポスターが目に留まりました。多様な価値観を認め合いながら、働きやすい職場をめざすという意図だそうです。

目先を変えて、毎日いただく給食に目を向けてみましょう。

からだをつくる「赤」の食品、からだを動かす力となる「黄色」の食品、からだの調子

を整える「緑」の食品という3色の食品群がバランスよく食べられるように工夫されています。

多様な価値観や多様で栄養のある食品は、どちらも大事ですよね。

このような「多様」というキーワードを、からだを育てる「体育」に引き寄せて考えてみたいと思います。

拙著『楽しく体づくり！低学年からのあいうえお運動あそび』（2022、東洋館出版社）にも書きましたが、幼い頃から多様な動き（diverse movements）を経験させることはとても大切です。

私は子ども時代、野球一筋の生活で、やはり経験のない一輪車やスケートボードなどは今も乗れません（怖いですね……）。もしちょっとでも触れていたら、大人になってからでもできたかもしれませんが。

これらを踏まえると、突破口として唱えたい体育のスローガンは、

「とにかく、いろいろな動きをやってみよう！」

ここを出発点として、子どもの頃にからだを試行錯誤させた経験というものは、かならず根っことして残ります。そして、どのような形になるのかはわかりませんが、きっと芽が出るときがくると思うのです。

ぜひ、体育の授業で、たっぷりと多様な動きを経験させてあげてくださいね。

77 好きな本に出会うことが、読書感想文への第一歩

読書感想文は苦手……。

こんな気持ちが多くの子どもたちの本音かもしれないですね。おそらく、思いっきり羽を伸ばしてあそびたい夏休み期間に、宿題の一つとして出されることが多いため「書かなければならない」感を受けやすいのがその理由でしょう。

しかも、「書く」という表現はむずかしいですよね。

かくいう私も、子どもの頃は「修行」のような感覚でした。当時は野球とあそびに没頭する毎日で、読書をする子ではまったくありませんでしたから。

そこで、読書感想文っていいかも！となるにはどうしたらよいのか。

突破の道を探ってみましょう。

突破！ こうやって考える

私のなかの問題意識は、まず読書感想文という5文字のなかの「書」にあります。

どんな「書」に出会うのか、自分が好きな「本」に出会えるのかというところが肝だと

思います。

「選書」ですね。

好きな本に出会えると、それがかなり分厚い本であったとしても、その世界にどっぷりと浸かって、どんどんとページをめくっていく子どもの姿を見かけます。つまり、たっぷりと時間をかけて、背表紙を眺めながら選ぶ時間をつくってあげることが大切なんですね。

「この本でいい」から「この本がいい」という思いへ。

これが、読書感想文突破への第1歩目です。

そして二つめの問題意識は、読書感想文のなかの最後の文字「文」にあります。

子どもは感受性が高くやわらかい存在ですから、湧き上がってくる想いというのは、大人のそれとは比べものにならないくらい豊かです。ひっかかってくるのは、「文」という表現の場。やはり、いきなり書くのは大変です……。

だからその一つ前のステップをつくり、湧き上がってきた想いを家族で喋ったり、印象に残ったフレーズをメモしたりしていくわけです。そしてそれが準備できたら、いざ原稿用紙と向かい合います。「すごい読書感想文を書くぞ！」と気負わないことも一つのポイントです。これが、読書感想文突破への第2歩目です。

好きな「書」に出会えて、伝えたいという「想」いが湧き出てきて、それが「文」という形になる。ここに読書感想文の魅力と可能性があるように思います。

78 防災教育―友だちの家は何してる？―

地震などの自然災害に備え、全校で避難訓練や引き渡し訓練を実施しますよね。

私自身の経験では、ペットボトルを細かく切ってガラスに見立て、それが地震によって飛散したと想定し、上靴やスニーカーを履くことの大切さを学ぶ授業をしたことがあります。また、学校まで地震体験車に来てもらい、実際の地震の揺れと怖さ、そして対策を知る貴重な学びの機会を得たときもあります。災害時のあたり前の日常がなくなったことを想定した暗闇体験や煙体験をすることも有効ですよね。

このように、学校現場ではさまざまな防災学習を行いますが、地震などの自然災害は、時を選ばずに突然やってくるものです。

学校で8時間ほど過ごすと考えても、睡眠を含めた残りの16時間は、家庭を中心とした時間になります。

とすると、防災の学びや備えは、家庭との連携や協力こそが大切になってきます。

そこで、以前あることをしたときに「先生、いい取り組みですね！」と声をかけてもらったことをここで紹介します。

保護者の方々を巻き込みながら防災を考えるよいアプローチとなるかもしれませんよ。

突破！　こうやって考える

私が実践したことは、保護者の方々に「日頃、家庭で自然災害に対して備えていること」というテーマで記述してもらい、それらをまとめて通信として各家庭に配ったのです。つまり、それぞれの家庭の防災実践情報を集め、それを共有したわけですね。名づけて「友だちの家は何してる？」アプローチ。

防災という視点も入れてキャンプ用品を選んでいるという声や夏場に備えてからだ拭きシートをたくさん入れているという声など、それぞれの家庭環境に合わせて、さまざまな角度からたくさんの意見が上がってきたんですね。

それがすごく参考になったようで「先生、いい取り組みですね！」という声につながったのです。地震や防災というのは、今やみなさんにとって、ホットトピックの一つですよね。日本に住む以上、避けて生きていくことはできません。ですから、いつ発生しても対応できるような日頃の備えがいちばん大事です。

ここでは、防災を取り上げましたが、ＳＮＳの扱い方もそうですね。家庭との連携や協力が大切になってくるホットトピックについては、このように情報をシェアしながら進めていくと気づきや学びがより深まります。

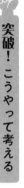

79 教室配置で、子どもと外あそびの関係を強くする

環境建築家の仙田満さんは、学校の空間について次のように書きました。

「4階建ての小学校の4階にクラスルームのあるこどもは、休み時間、校庭に降りてあそぶことはほとんどない。4階という空間的位置が障害となっている。このように教育のための空間でさえ、こどもを閉鎖的な環境に閉じ込めている」(『こどもを育む環境 蝕む環境』2018、朝日新聞出版)。

たしかに、小学校の3階や4階に教室がある子どもたちは、運動場へ出てあそぶということについて、物理的にも心理的にもやや距離ができてしまいます。休み時間は、そう長くないですから……。

6年生を学級担任したある年のこと。

例年の様子だと、休み時間に外に行ってあそぶことの少ない6年生が、たくさん外あそびをしていたのです(大縄をしたり、バレーボールをしたり)。

低層の校舎に変わったわけではありません。

特段、外あそびが好きだったという学年でもありません。

何が子どもたちを外へ向かわせたのでしょうか？

突破！こうやって考える

その年は、記憶が曖昧なのですが、何らかの理由で6年生の教室が1階に配置されたのです。例年なら最上階の3階なのですが、1階だったんですね。最初は、低学年にもどった感覚になったのか、「1階かぁ〜」と学年全体のトーンは後ろ向きでした。

でも、蓋を開ければ、

教室のすぐ横は運動場（教室横のテラスに靴を置いたので、7歩で運動場です）。

ペア学年で交流の深い1年生も同じ1階の教室（もちろん、自然とかかわりは増えます）。

思いがけない「偶然の突破」ではあったのですが、例年以上に1年生と深くかかわり、子どもたちが外へあそびに行く一年間となりました。

3階の教室だったら、おそらく浮かび上がってこなかった子どもたちの姿。

こちらが決めた教室の配置が、子どもたちの外であそぶ気持ちや機会を奪ってしまっていたのかもしれないとも感じました。

子どもと外あそび、子どもと運動場のよい関係をつくる教室配置には、教育的な意義がギュッと詰まっています。

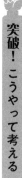

80

学校と家庭は車の両輪

送り迎えがある保育園や幼稚園と違い、保護者にとって子どもの様子が見えにくくなるのが小学校です。

だからこそ、個別懇談会は、保護者からすれば子どもの学校の様子を知る貴重な機会であり、教師からすれば、ふだんの学校の様子を伝える大切な機会となります。

「学校と家庭は車の両輪」

言い古された表現かもしれませんが、令和の時代になっても、いや令和の時代の今だからこそ深く味わいたい言葉です。

同じ方向を向いて、同じ速度で歩んでいくことがとても大切ですよね。

さて、その個別懇談会が「得意」「好き」という方もいるでしょう。私はどちらかというと得意なほうではありませんが、毎年やっていますからさすがに慣れてきました。緊張するとか気疲れするといった理由で「苦手」な方もいるかもしれないですね。

そこで、個別懇談会が有意義な時間となるようなヒントを探ってみましょう。

突破！ こうやって考える

一保護者の立場になって考えたとき、やはりよいところを言ってもらえると安心します。ですから、日常の学校生活で見つけたグッドなエピソードを伝えることで、まず保護者の方々に安心してもらうことが大切です。

保護者の安心感は、子どもの安心感へとつながっていますから、よいところはしっかりとていねいに伝えていきたいものです（もちろん、これからの課題についても伝えていくことは重要です）。

それと、教師からは見えにくい家庭での子どもの様子を尋ねることも非常に大事にしたいことの一つです。家ではやんちゃで学校では大人しい「内弁慶の外地蔵」の子もいれば、その逆の「内地蔵の外弁慶」の子もいます。我が子を見ていても感じますが、家庭で見せる顔と学校で見せる顔とは違うものです。

家庭での子どもの様子と学校での様子に不一致な点があれば、そこに何かしらのヒントや課題が隠されていることも少なくありません。そしてそこを突破口にして、これからのかかわり方や指導につなげていくことができればベストです。

数少ない貴重な個別懇談会の時間。

だからこそ「車の両輪」を意識して、実りある時間にしたいものですね。

著者

前田 幹夫（まえだ みきお）

公立小学校指導教諭。
趣味は、早寝早起きと御朱印を集めること。
著書に『楽しく体づくり！ 低学年からのあいうえお運動あそび』（東洋館出版社）。

教師の突破術

2025（令和7）年3月15日　初版第1刷発行

著　者：前田 幹夫
発行者：錦織 圭之介
発行所：株式会社 東洋館出版社
〒101-0054　東京都千代田区神田錦町２丁目９番１号
コンフォール安田ビル２階
（代　表）　電話03-6778-4343　FAX03-5281-8091
（営業部）　電話03-6778-7278　FAX03-5281-8092
振　　替　00180-7-96823
U　R　L　https://www.toyokan.co.jp

装幀：小口翔平＋後藤司（tobufune）
組版：株式会社明昌堂
印刷・製本：株式会社シナノ

ISBN978-4-491-05738-5　Printed in Japan